Petra-Nicolin Stolten · Karl-Werner Ratschko (Hrsg.)

Die Medizinische Fachangestellte
Impfen leicht gemacht!

schlütersche

Bibliografische Information Der Deutschen Bibliothek
Die Deutsche Bibliothek verzeichnet diese Publikation in der Deutschen Nationalbibliografie; detaillierte bibliografische Daten sind im Internet über http://dnb.ddb.de abrufbar.

ISBN-10: 3-89993-605-1
ISBN-13: 978-3-89993-605-6

Anschrift der Autorin:
Petra-Nicolin Stolten
Edmund-Christiani-Seminar (ECS) der Ärztekammer Schleswig-Holstein
Berufsbildungsstätte für Arzthelferinnen
Bismarckallee 8–12
23795 Bad Segeberg

Anschrift des Herausgebers:
Dr. med. Karl-Werner Ratschko
Havkamp 23
23795 Bad Segeberg

Alle Empfehlungen der Ständigen Impfkommission (STIKO) sind auf dem Stand Juli 2005.

Die im Folgenden verwendeten Personen- und Berufsbezeichnungen stehen immer gleichwertig für beide Geschlechter, auch wenn sie nur in einer Form benannt sind.

Gestaltung: Schlütersche Verlagsgesellschaft mbH & Co. KG, Hannover
Satz: Die Feder, Konzeption vor dem Druck GmbH, Wetzlar
Druck und Bindung: Druckhaus »Thomas Müntzer« GmbH, Bad Langensalza

Inhalt

Vorwort

Liebe Leserin,
lieber Leser,

leider ist es nicht immer selbstverständlich, dass Patienten von ihren behandelnden Ärzten auf den Impfschutz angesprochen werden. Damit wird eine wichtige Möglichkeit verschenkt, sich gegen ernste, manchmal bedrohliche Erkrankungen zu schützen und unangenehme Folgeerscheinungen zu vermeiden.

Die Mitarbeiter/innen der Ärztinnen und Ärzte haben hier eine wichtige Aufgabe. Sie sind es, die schon vor dem ersten Arzt-Patienten-Kontakt nach dem Impfschutz fragen können, sie sind es, die für Ordnung im Impfpass und Einhaltung der Fristen sorgen können. Damit sie hierbei gute Arbeit leisten, ist dieses Buch entstanden.

Sie werden auf leicht verständliche Weise, verbunden mit Möglichkeiten zur Überprüfung des Wissens, in das »Impfen« eingeführt.

Dieses Buch soll Ihnen die Grundlagen nahe bringen; die ständige Aktualisierung Ihres erworbenen Wissens wird dann aber Ihre Aufgabe sein.

Die Ständige Impfkommission am Robert Koch Institut gibt ihre Änderungen im Internet bekannt. Meistens einmal jährlich, bisher im Juli/August. Dann erscheinen die Impfempfehlungen in der Regel auch als Beilage im Deutschen Ärzteblatt. Oft sind sie auch durch die Pharmareferenten der Impf-Firmen, die Impfstoffe herstellen, zu erhalten.

Erwarten Sie bitte bei einem Buch dieses Umfangs keine Vollständigkeit der Gesetzestexte und der Impfempfehlungen. Sie werden aber immer Hinweise finden, wo Sie Ihr Wissen vervollständigen können. Wir wollen mit diesem Buch erreichen, dass Sie einen Blick für das Wesentliche und Grundwissen erhalten, auf dem Sie getrost aufbauen können. Sie werden sehen: Impfen in der Arztpraxis ist leichter als Sie denken.

Nun wünschen wir Ihnen viel Erfolg beim Lernen, Sie werden merken: Dieses Buch hat es Ihnen – »leicht gemacht«!

Unser Dank gilt den Lektorinnen der Schlüterschen Verlagsgesellschaft Frau Katja Koschate und Frau Petra Heyde, die sich kompetent und liebevoll an der Entstehung dieses Buches beteiligt haben. Ein ganz besonderer Dank geht an Herrn Dr. med. Hans-Martin Bader, der so manche Stunde mit Korrekturlesen an dem Buch verbrachte und an Herrn Claus-Peter Grossmann, der mit Rat, Tat, Infomaterial und Fotos hilfreiche Unterstützung gewährte. Dank auch an Jens-Dirk Stolten, der als Ehemann der Autorin sich und den Haushalt so manches Mal selber versorgen musste, wenn seine Frau mal wieder am PC saß.

Petra-Nicolin Stolten
Dr. K.-W. Ratschko *April 2006*

Warum gibt es dieses Buch?

Warum impfen wir?

- Infektionskrankheiten stehen weltweit immer noch an erster Stelle der Todesursachen.
- Gegen Infektionskrankheiten wie Hepatitis B, Tollwut oder Masern, gibt es oft keine oder nur eine begrenzte Therapiemöglichkeit.
- Es ist möglich, dass die Infektionskrankheit mit schweren Komplikationen verläuft. Ein Beispiel: Auch eine harmlose Masern-Infektion kann, wenn auch in seltenen Fällen, zu einer Entzündung des Gehirns führen. An dieser Komplikation sterben etwa 20–30 % der Patienten.
- Risiko-Patienten haben häufig einen schwereren Krankheitsverlauf (z. B. wenn ein leukämiekrankes Kind auch noch Windpocken bekommt).
- Infektionskrankheiten, die während der Schwangerschaft (z. B. Röteln) oder der Geburt (z. B. Windpocken) auftreten, führen oft zu schweren Schäden beim Kind.

Durch eine Impfung kann sich der Patient vor einer Infektionskrankheit schützen (= Individualschutz), gleichzeitig sorgt er dafür, dass sich diese Krankheit nicht weiter ausbreiten kann (= Kollektivschutz).

Mit dem vorliegenden Buch haben Sie ein Buch von Impf-Befürwortern erstanden. Sie werden hier keine Argumente gegen das Impfen finden, denn der Vorteil von Impfungen für die Menschheit überwiegt.

1 Das Immunsystem

1.1 Vorab

BEGRIFFE

Immunität: (lat. immunitas = Freisein) Angeborene, durch Überstehen einer Infektionskrankheit oder durch Impfung erworbene Unempfänglichkeit für Krankheitserreger oder deren Toxine (Gifte).

Immunsystem: System des menschlichen Körpers, das Krankheitserreger erkennen und unschädlich machen kann.

Merke

Für die Ausbildung der Immunität ist das Immunsystem verantwortlich. Reagiert das Immunsystem, führt das entweder zur zellulären Immunität oder zu neutralisierenden (schützenden) Antikörpern (= Abwehrstoffen) im Blut, in jedem Falle zur Ausbildung eines immunologischen Gedächtnisses (Schutz bei erneutem Kontakt mit dem Erreger).

Das Immunsystem ist nicht in einem bestimmten Organ lokalisiert, sondern auf verschiedene Immunorgane (wie Thymus, Milz, Knochenmark, Lymphknoten, Mandeln, lymphatisches Gewebe des Darms u. a. m.) verteilt. Im Thymus und im Knochenmark reifen die immunaktiven Zellen heran.

Kommt der menschliche Körper mit einem Erreger in Kontakt, kann eine Infektionskrankheit entstehen. Bei vielen Infekten ist der Mensch nach einer durchgemachten Erkrankung immun gegen den jeweiligen Auslöser, das bedeutet, dass er durch diesen Keim kein zweites Mal erkranken wird. Wie kann dies funktionieren?

Wie alles begann

Schon vor Jahrtausenden war bekannt, dass man viele Krankheiten nur einmal im Leben erleidet, weil man nach der Genesung vor ihnen geschützt ist.

Später lernte man durch Einbringen von pockenhaltigem Material (z. B. Borken der abgeheilten Pusteln) in die Haut und die Nasenschleimhaut oder durch Kontakt mit Kleidungsstücken von Kranken eine mild verlaufende Pocken-Erkrankung zu erzeugen. Diese Personen erkrankten später nicht wieder, sie waren vor Pocken geschützt.

Diese Art des Pockenschutzes wurde in Europa durch Lady Mary Wortley Montagu (1689–1762, Frau eines englischen Botschafters, lebte lange in Istanbul) bekannt und in England ab 1721 angewendet. Populär wurde dieses Verfahren auch durch die österreichische Kaiserin Maria Theresia (1717–1780), die ihre 16 Kinder so vor schwerer Pocken-Erkrankung schützen ließ.

1.2 Aktive Impfung

BEGRIFFE

aktiv: der Körper muss was tun

Impfung: Erzeugung eines Schutzes einer gesunden Person zur Vorbeugung gegen Infektionskrankheiten

Der englischen Landarzt Edward **Jenner** (1749–1823) beobachtete, dass Melker, die sich an mit Kuhpocken behafteten Eutern infiziert hatten, gar nicht oder nur leicht an Pocken erkrankten. Auch bei Ausbruch der sehr viel gefährlicheren Menschenpocken blieben sie verschont. Jenner brachte deshalb erstmals 1796 harmlose Kuhpocken in die Haut von Menschen, um Schutz zu erzielen. Da er das Material dazu dem Euter kranker Kühe entnahm, nannte er seine Methode »**Vakzination**«, abgeleitet vom Lateinischen »vacca« = die Kuh. Der Grundgedanke für eine Prophylaxe (= Vorbeugung) von Infektionen durch Impfen war damit in die Tat umgesetzt.

Die Erfahrungen von Jenner ermöglichten letztendlich, dass die Pocken weltweit ausgerottet wurden und auch andere Infektionskrankheiten ihren Schrecken als Seuche verloren. Es war der Beginn der **aktiven Impfung**.

Merke

Vakzination steht auch heute noch als Begriff für die aktive Schutzimpfung einer gesunden Person mit abgeschwächten Krankheitserregern. Der Impfstoff wird oft auch **Vakzine** genannt.

Dennoch sollten fast 200 Jahre vergehen, bis Schutzimpfungen überall auf der Welt eingeführt worden waren. In Deutschland wurde 1874 mit dem Reichsimpfgesetz die Impfpflicht gegen Pocken eingeführt. Diese Impfpflicht konnte 1978 wieder abgeschafft werden, weil es weltweit gelungen war, die Pocken durch Impfungen auszurotten. Der letzte Pockenfall trat im Oktober 1977 in Somalia auf. Seitdem ist die Pockenimpfung von der WHO für kein Land mehr empfohlen und auch für Reisende nicht mehr erforderlich.

Die Impfgeschichte nahm ihren Lauf. 1882–1890 wurden Impfungen gegen Tollwut, Typhus, Cholera und Pest eingeführt.

1.3 Passive Immunisierung

BEGRIFFE

passiv: der Körper muss nichts tun

Immunisierung: Schutz gegen eine infektiöse Krankheit erwerben

Zwischen 1886 und 1892 forschten die Mediziner Emil von Behring gemeinsam mit Robert Koch und dem Japaner Shibasaburo Kitasato in Berlin an den immunologischen Eigenschaften der Blutflüssigkeit.

Kitasato entdeckte den Tetanus-Erreger und entwickelte zusammen mit Behring eine Therapie zur Behandlung infizierter Personen. Sie entdeckten, dass im Blutserum von Patienten, die eine Infektionskrankheit überstanden hatten, und auch bei geimpften Personen, sogenannte Antikörper (Schutzstoffe) enthalten waren, die sich spezifisch (arteigen) an einen bestimmten Krankheitserreger binden konnten. Diese Antikörper aus dem Blut zu isolieren und dann einem anderen Menschen zur Verfügung zu stellen, war der Beginn der **passiven Immunisierung** (auch **Serumtherapie** genannt).

Die Antikörper gehören zu den Eiweißkörpern des Blutplasmas und werden **Immunglobuline** genannt. Der Patient erhält sie, wenn er sich vermutlich infiziert hat und keinen (Impf-) Schutz für diese, für ihn gefährliche, Erkrankung besitzt. Als typisches Beispiel wäre hier eine Tetanus-Infektion zu erwähnen. Die Gewinnung solch eines Serums ist teuer und die Schutzdauer beträgt nur kurze Zeit.

Merke

Die passive Immunisierung ist die »Feuerwehr«, damit eine lebensbedrohende Situation für den Patienten abgewendet werden kann.

Briefmarke anlässlich des Geburtstags von Paul Ehrlich und Emil von Behring

Kitasato und Behring erkannten auch, dass bei Diphtherie-, Tetanus- und Tollwut-Infektionen weniger die Erreger selbst, als die durch sie produzierten Toxine (Gifte) gefährlich sind. Die im Blut zirkulierenden Gifte können ebenfalls durch die Gabe von Immunglobulinen unschädlich gemacht werden. Wenn dies rechtzeitig geschieht, sind die Aussichten für den Patienten auf einen leichteren Krankheitsverlauf gut.

Merke

Immunglobuline können auch **Antitoxine** sein, also Antikörper, die Gifte neutralisieren.

Die ersten Immunglobuline waren das Diphtherie- und Tetanusantitoxin. Emil von Behring erhielt für seinen Erfolg 1901 den ersten Nobelpreis der Medizin.

Unterscheide

- **Heterologe** Immunglobuline werden von Tieren (z. B. Hammel, Rind, Pferd) gewonnen, die durch aktive Immunisierung Antikörper gegen eine bestimmte Infektionskrankheit gebildet haben.
- **Homologe** Immunglobuline stammen von Menschen, die die Erkrankung durchgemacht haben oder aktiv immunisiert worden sind. Man nennt sie auch humane Immunglobuline. Heute finden fast nur noch diese Immunglobuline Anwendung, weil damit ernsthafte Nebenwirkungen, die bei heterologem Fremdserum von Tieren auftreten könnten, vermieden werden.

Der Unterschied zwischen **heterologen** und homologen bzw. **humanen** Immunglobulinen ist bei der Dokumentation im Impfpass zu beachten.

1.4 Angeborene, unspezifische Immunität (»schnell, aber dumm«)

BEGRIFFE

Angeboren: 1.) Erste Schutzmaßnahmen des Immunsystems gegen alles Fremde (jeden möglichen Eindringling), 2.) sofort nach Geburt verfügbar

Unspezifisch: uncharakteristisch, nicht speziell, »allgemein«

Spezifisch: auf jeweils einen Erreger (oder Toxin = Gift) speziell ausgerichtet

Immunität: Fähigkeit des Körpers, sich gegen viele Mikroorganismen und Toxine (Gifte) zu wehren, die für ihn schädlich sind.
Sie ist teilweise angeboren und teilweise erworben.

Immunisierung: Maßnahme, um Schutz gegen eine infektiöse Krankheit zu erwerben.

Der Mensch verfügt über eine **angeborene, unspezifische** und eine **erworbene, spezifische** Immunabwehr. Die **angeborene unspezifische Immunität** besteht seit der Geburt, sie ist durch das unspezifische Immunsystem bewirkt. Angeboren wurde uns die Fähigkeit, Erreger einfach auszuscheiden: durch Tränen, Urin, Husten, Niesen oder die Darmperistaltik. Der Haut hilft ein intakter Säureschutzmantel, Erreger abzuweisen. Im Magen kann die Magensäure Erreger aus der Nahrung unschädlich machen. Der Speichel enthält Enzyme, die antibakteriell wirken. Im Blut können bestimmte

Granulozyten (Mikrophagen), Monozyten (auch Makrophagen oder Fresszellen genannt) und die natürlichen Killerzellen (NK-Zellen, eine Untergruppe der T-Lymphozyten) Krankheitserreger als »fremd« erkennen, sie dann »auffressen« (phagozytieren). Dabei analysieren sie den Erreger und geben diese Information an die spezifische Abwehr (T-Helfer-Lymphozyten) weiter. (Nach dem Motto: Ich habe hier jemanden gefangen, schaut mal, was das für einer ist.) All diese Mechanismen stellen die erste Abwehrfront des Körpers dar.

Sie sind nicht in der Lage, ein immunologisches Gedächtnis aufzubauen, das bei einem zweiten Kontakt mit dem Erreger gezielt auch gegen eine größere Anzahl von »Eindringlingen« vorgehen kann. Diese Fähigkeit hat das **erworbene, spezifische Abwehrsystem**.

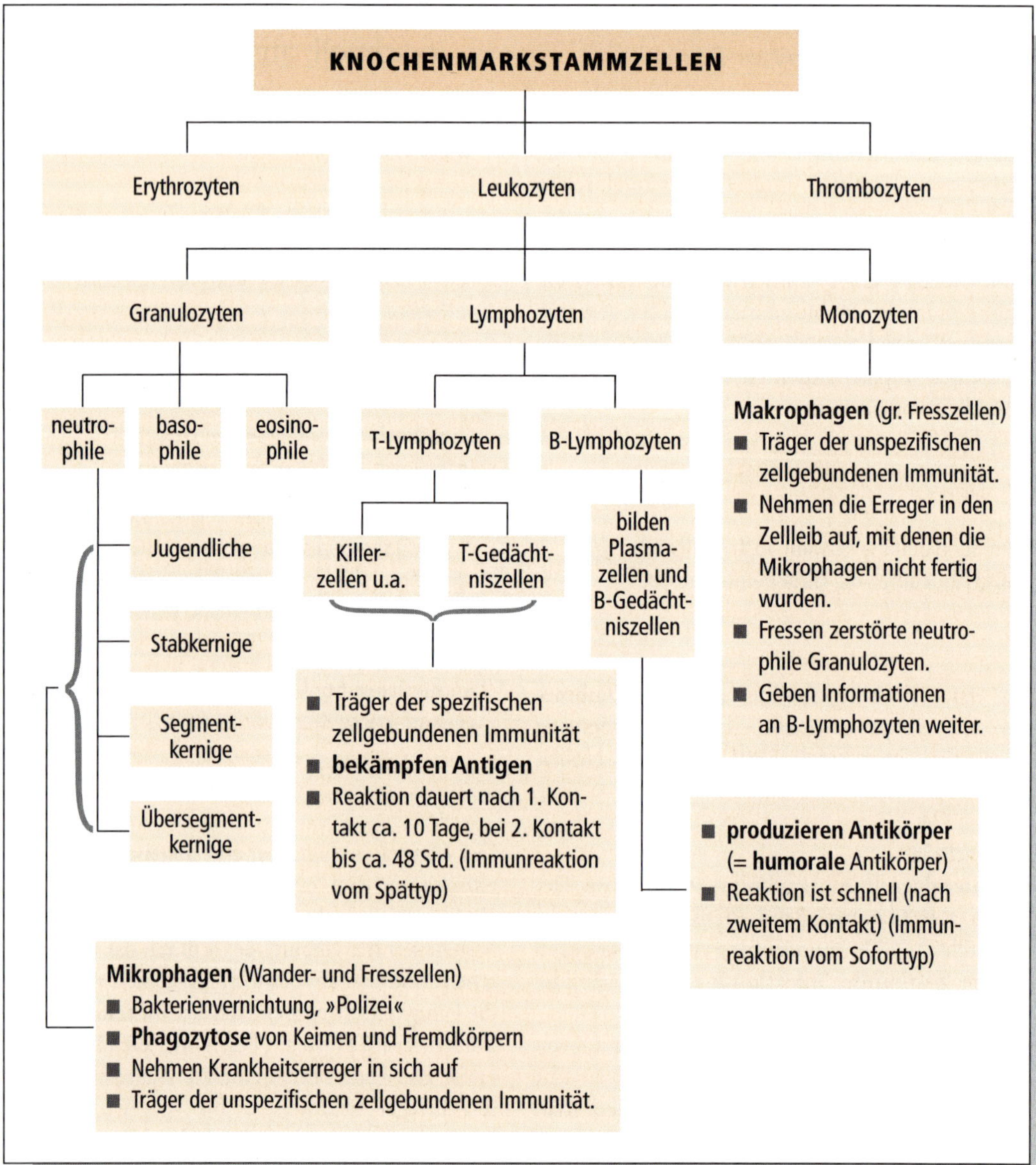

Zellübersicht Blutkörperchen

1.5 Erworbene, spezifische Immunität (»langsam, aber lernfähig«)

Nach einem ersten Kontakt mit einem **Antigen** (Erreger) produzieren spezialisierte Abwehrzellen, sogenannte **Lymphozyten** (Untergruppe der Leukozyten/weiße Blutkörperchen), nach einer Erkennungsphase unter anderem **Antikörper** (Abwehrstoffe), die speziell auf den Erreger zugeschnitten, also »spezifisch« sind. Diese können bei einem zweiten Kontakt die eindringenden Erreger wesentlich besser und schneller bekämpfen, so dass eine Krankheit, wenn genug spezifische Antikörper vorhanden sind, nicht mehr ausbrechen kann. Diese Reaktion dauert ca. 4 bis 10 Tage. Anschließend werden so genannte **Gedächtniszellen** gebildet, die bei jedem weiteren Kontakt gegen den Keim sofort reagieren können. Dieses **immunologische Gedächtnis** ist die Grundlage der erworbenen, spezifischen Immunität und der Sinn jeder aktiven Impfung.

Wer es genauer wissen will:
Ein Teil der **Lymphozyten** reifen in der fetalen (Leibesfrucht vom dritten Schwangerschaftsmonat an) Entwicklung des Kindes als so genannte Vorläuferzellen im Thymus (lymphatisches Organ, hinter dem Brustbein gelegen) heran (Prägung). Sie werden danach zu **T-Lymphozyten** (unter anderem **T-Helferzellen**).

B-Lymphozyten entstehen an nicht genau bekannten Stellen des Körpers (Knochenmark, vielleicht Tonsillen, Wurmfortsatz). Ihren Namen haben sie von dem Organ erhalten, in dem bei Vögeln Lymphozyten zu B-Lymphozyten heranreifen, nämlich der »**B**ursa fabricii« (einer Ausbuchtung im Enddarm). Neuere Forschungen sprechen beim Menschen vom Knochenmark als Reifungsort.

T- und **B-Lymphozyten** kreisen im Blut- und Lymphgefäßsystem, bis es zum ersten Kontakt mit einem Erreger (= Antigen) kommt.

Die **Makrophagen** (Fresszellen) aus dem unspezifischen Immunsystem präsentieren die Antigene der verdauten Erreger auf ihrer Oberfläche den **T-Lymphozyten** und den **T-Helferzellen**. Die T-Helferzellen bilden dadurch Botenstoffe, welche die T-Lymphozyten und die B-Lymphozyten dazu stimulieren, sich spezifisch umzuwandeln. Die T-Lymphozyten bilden sich zu **Killerzellen** um, welche genau diejenigen Erreger, die zu ihrer Entstehung geführt haben, mit genau diesen Antigenen auf ihrer Oberfläche **zerstören**. Außerdem bilden sie **T-Gedächtniszellen**, welche sich die Struktur der Antigene für eine denkbare wiederholte Infektion **merken**.

Die **B-Lymphozyten** bilden sich um zu **Plasmazellen**, die **Antikörper bilden**. Von den Antikörpern haben wir schon gehört. Sie haben die Eigenschaft, sich an die zu ihnen passenden Antigene auf der Oberfläche der Erreger zu heften. Die Erreger verkleben miteinander, können sich weder bewegen noch vermehren und können so in Ruhe zerstört werden. Die B-Lymphozyten bilden sich auch zu **B-Gedächtniszellen** um, und **merken** sich ebenfalls die Struktur der Antigene und der dazugehörenden Antikörper für eine mögliche Zweitinfektion mit demselben Erreger.

Nestschutz

Hat eine Frau eine Infektionskrankheit durchgemacht oder wurde sie gegen diese Krankheit geimpft, gibt sie in der Schwangerschaft dem Kind über die Plazenta die aus Krankheit oder Impfung stammenden **mütterlichen Antikörper** mit. Damit sind die neugeborenen Kinder für einige Zeit gegen die betreffenden Krankheiten geschützt. Dies wird auch **Netzschutz** genannt. Ähnlich wie bei der passiven Schutzimpfung, handelt es sich hier um eine **Leihimmunität,** die nur in den ersten Lebensmonaten Schutz verleiht. Denn der Körper des Kindes baut diese mütterlich gebauten Antikörper als für ihn körperfremde Eiweiße wieder ab – auch wenn sie ihm helfen, nicht zu erkranken.

In der Regel funktioniert die Leihimmunität gut bei Poliomyelitis (Kinderlähmung), bei Masern, Tetanus (Wundstarrkrampf) und Diphtherie. Die Schutzdauer beträgt ca. drei bis neun Monate. Bei Varizellen (Windpocken) funktioniert dieser Schutzmechanismus nicht so gut (sechs Monate) und fast gar nicht gegen die meisten bakteriellen Infektionskrankheiten, wie z. B. Pertussis (Keuchhusten).

Deshalb muss beim Neugeborenen in den ersten Lebensmonaten ein eigener, dauerhafter Schutz aufgebaut werden.

Eine Impfung gegen Masern, Mumps und Röteln und/oder gegen Windpocken ist vor dem 11. Lebensmonat unsinnig, da die sich noch im Blut befindlichen mütterlichen Antikörper die Impfstoff-Antigene »abfangen« und der Körper des Kindes somit nicht beginnt, selber Antikörper aufzubauen.

Zusammenfassung

Bei der Unschädlichmachung von Krankheitserregern leisten die **T-Lymphozyten** die spezifische (auf **einen** Erreger ausgerichtete) **zelluläre** Immunabwehr (Killerzellen), während die **B-Lymphozyten** die spezifische **humorale** (»aus der Blutflüssigkeit kommende«) Immunabwehr übernehmen. Sie produzieren nach Umwandlung in Plasmazellen die Antikörper und schütten sie ins Blut und in die Gewebe aus. Antikörper sind keine Zellen, sondern komplizierte Eiweißmoleküle, so genannte Immunglobuline.

Im Normalfall schafft es das Immunsystem über Aktivierung der unspezifischen und spezifischen Immunantwort, den Krankheitserreger zu bekämpfen. Jedoch gibt es auch Situationen, bei denen es das Immunsystem nicht schafft, den Erreger unter Kontrolle zu bringen und zu bekämpfen. Dann bricht die Infektion aus und der Patient erkrankt.

Es ist aber auch möglich, dass der Mensch gar nicht viel von der Infektion bemerkt. Dennoch hat sich sein Immunsystem – unbemerkt von uns – mit dem Erreger auseinandergesetzt. Das nennt man dann **»stille Feiung«**.

1.6 Ablauf bei einer Schutzimpfung

Eine gute Möglichkeit zum Erwerb einer **spezifischen Immunität** ist in vielen Fällen auch die **aktive Schutzimpfung.** Sie hat den **Vorteil,** dass der Zeitpunkt der Impfung selbst gewählt werden kann und der Impfstoff nicht zur Krankheit führt.

Ob durch Impfung oder Erkrankung: Es werden Killerzellen, Antikörper und Gedächtniszellen gebildet. Der Schutz wird gegen den geimpften Erreger speziell aufgebaut (= spezifische Immunität). Bei einer »Mehrfach-Impfung« baut der Körper dann gleich einen Schutz gegen alle Krankheiten auf, gegen die geimpft wurde.

Bei einer **Zweitinfektion** tritt das immunologische Gedächtnis in Aktion. Die **B-Gedächtniszellen** erkennen die Erreger (Antigene), mit denen sie schon einmal konfrontiert wurden am Muster auf ihrer Oberfläche wieder und **beginnen sofort** (innerhalb von 12 Stunden) mit einer verstärkten Produktion von Antikörpern. Sie verbinden sich mit den Erregern und zerstören sie auf unterschiedliche Weise, so dass sie sich nicht mehr vermehren können. Die **T-Gedächtniszellen beginnen etwas verzögert** (innerhalb von 48 Stunden) mit der Produktion von Killerzellen. Die Killerzellen zerstören die an Antikörper »verklebten« Erreger, aber zum Teil auch ohne deren Mithilfe.

Aufgrund dieses Gedächtnisses kann es zu keiner nochmaligen Erkrankung kommen (z. B. bei Röteln). Schnupfenviren verändern sich laufend, dadurch »entkommen« sie dem Immunsystem und der Mensch erkrankt häufiger an Schnupfen.

1.7 Was passiert, wenn das Immunsystem fehlerhaft arbeitet?

Dann kann es zu **Immundefekten** (Ausfall einzelner Funktionen), zu malignen Tumorerkrankungen und zu überschießenden Reaktionen (**Allergien, Entzündungen**) kommen. Im schlimmsten Fall werden körpereigene Strukturen als »fremd« (als Antigen) erkannt. Der Körper bildet dann Antikörper, die sein eigenes Gewebe zerstören (z. B. Zerstörung der Gelenkinnenhaut bei rheumatoider Arthritis). Man spricht dann von einer **Autoimmunkrankheit.**

1.8 Grundbegriffe der Immunologie

Immunologie
Lehre von den Erkennungs- und Abwehrmechanismen eines Organismus für körperfremde und unter Umständen auch körpereigene Substanzen und Gewebe.

1.8.1 Antigen und Antikörper

Antigen
Als Antigen wird jede Substanz bezeichnet, die im Körper eine spezifische Immunantwort auslösen kann. Der Körper erkennt am Bau des Antigens, ob es sich um seine eigene oder um eine körperfremde Struktur handelt. Für **körperfremde Substanzen,** die die Eigenschaft haben, eine Immunantwort auszulösen, verwendet man allgemein den Begriff »Antigen«.

Antigene bestehen überwiegend aus Aminosäuren (Eiweißen) und Kohlenhydraten (Zuckern). Jeder Infektionserreger, aber auch jede Giftsubstanz und jedes artfremde Eiweiß hat seine eigene, spezielle Struktur.

Jedes Antigen kann die Bildung eines speziellen Antikörpers in Gang setzen, der es dann neutralisieren (unschädlich machen) kann.

Merke

Antigen = körperfremde Struktur auf der Oberfläche von Krankheitserregern. Führt zu Reaktionen des Immunsystems. Löst unter anderem die Bildung spezifischer Antikörper aus.

Antikörper
Durch Kontakt mit einem Antigen werden **Strukturen** aus körpereigenem Eiweiß, sogenannte Antikörper oder Immunglobuline gebildet. Sie sorgen in vielen Fällen für eine oft lang andauernde, mitunter lebenslange Immunität. Das soll auch mit einer aktiven Schutzimpfung erreicht werden. Voraussetzung für eine lang anhaltende Immunität ist das Vorhandensein eines immunologischen Gedächtnisses.

Merke

Antikörper sind keine Zellen, sondern Eiweißkörper!

Man unterscheidet zwischen einem **humoralem** und einem **zellulärem Immunsystem**, dem die B- beziehungsweise T-Lymphozyten zuzuordnen sind.

1.8.2 Antigen-Antikörper-Reaktion, Immunität

Immunreaktion vom Soforttyp
Humorale Antikörper werden in den Plasmazellen, die von den B-Lymphozyten abstammen, gebildet. Mit dem Antigen bilden sie einen Antigen-Antikörper-Komplex, in dem das Antigen unschädlich gemacht wird.

B-Lymphozyten entstehen an nicht genau bekannten Stellen des Körpers (Knochenmark, vielleicht Tonsillen, Wurmfortsatz) aus Lymphozyten. Ihren Namen haben sie von dem Organ erhalten, in dem bei Vögeln Lymphozyten zu B-Lymphozyten heranreifen, nämlich der Bursa fabricii (siehe auch Kapitel 1.5).

Plasmazellen entstehen aus B-Lymphozyten. Sie **produzieren sehr schnell Antikörper,** die im Blut kreisen und deshalb humorale Antikörper genannt werden. Diese Antigen-Antikörper-Reaktionen werden deswegen auch **Immunreaktion vom Soforttyp** genannt.

IgA, IgD, IgE, IgG und IgM
Nach der chemischen Struktur lassen sich die Antikörper, auch Immunglobuline (Abkürzung: Ig) genannt, in fünf verschiedene Klassen einteilen: IgA, IgD, IgE, IgG und IgM.

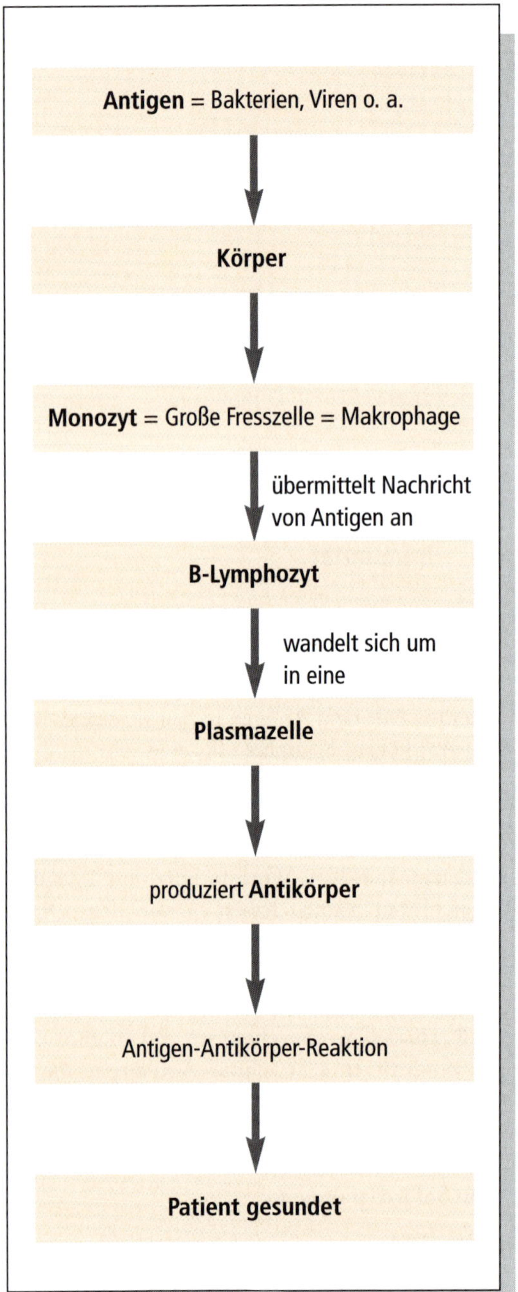

Antigen-Antikörper-Reaktion

Auf den Reiz eines Antigens bildet das Immunsystem **zuerst IgM**-Antikörper, die Antigene neutralisieren, aber nur kurze Zeit erhalten bleiben. Eine Immunität (Schutz) auf der Basis von IgM ist deshalb nur **kurzfristig wirksam**.

Später werden die **IgG**-Antikörper gebildet. Diese Klasse der Immunglobuline ist am stärksten vertreten und bedingt die **lang anhaltende** humorale Immunität.

Merke

Humorale Antikörper (IgM- und IgG-Antikörper) sind im Blut nachweisbar und quantitativ (mengenmäßig) anhand eines Antikörper-Titers messbar. Aus der Menge der Antikörper können im Labor auch Rückschlüsse über den Impferfolg erzielt werden (z. B. **Anti HbsAg** und der **Röteln-Titer**). Titer-Kontrollen als Bestätigung einer erfolgreichen Impfung sind laut STIKO zurzeit generell nur für die Hepatitis-B-Impfung bei Risikopersonen und für Frauen mit Kinderwunsch nach der Masern-Mumps-Röteln MMR)-Impfung empfohlen. Nicht empfohlen für Tetanus- und Diphtherie-Antikörper.

Immunreaktion vom Spättyp

Die zelluläre Immunität (Abwehr) ist den T-Lymphozyten zuzuordnen.

T-Lymphozyten: Die aus dem Knochenmark stammenden Lymphozyten werden im Thymus geprägt. Sie sind die Träger der **zellgebundenen Immunität**. Verschiedene Gruppen von T-Zellen (**Gedächtniszellen, Killerzellen** u. a.) sind in der Lage, auf bestimmte Antigene zu reagieren und so Krankheitserreger wirkungsvoll zu bekämpfen.

Die Immunreaktion bei den T-Lymphozyten benötigt etwa 48 Stunden bis zu ihrem Höhepunkt, ist also **langsamer als die humoralen Antikörper**, deswegen wird die Reaktion auch **Immunreaktion vom Spättyp** genannt.

Gedächtniszellen: Einige B- und T-Lymphozyten sind besonders langlebig, sie speichern die Struktur des Antigens. Sie entwickeln sich nach einer abgeklungenen Infektion (akute Erkrankung oder Impfung) zu B- oder T-Gedächtniszellen.

Wie Gedächtniszellen entstehen, ist nicht in allen Einzelheiten bekannt. Sie entwickeln sich in den Keimzentren der Lymphknoten und besitzen die Fähigkeit, Antigen-Antikörper-Komplexe auf ihrer Oberfläche über Jahre hinweg zu »konservieren«. Die Gedächtniszellen leben mindestens 5 bis 6 Jahre. Vor ihrem Tod bilden sie neue Zellen.

Im Falle einer erneuten Auseinandersetzung mit dem Krankheitserreger werden sie aktiv. Sie reifen dann zu Plasmazellen heran und sorgen dafür, dass ganz schnell, ganz viele Antikörper oder T-Killerzellen gebildet werden, die dann den Erreger unschädlich machen. Der Mensch bleibt gesund.

Immunologisches Gedächtnis nach Impfungen

Was den Aufbau eines tragfähigen immunologischen Gedächtnisses betrifft, so sind Impfungen mit sogenannten Lebendimpfstoffe (Impfstoffe, die abgeschwächte Erreger enthalten) meist wirksamer als die sogenannten Tot-Impfstoffe (Impfstoffe, die abgetötete Erreger oder antigene Teile von ihnen enthalten). Bei **Lebendimpfstoffen** genügt oft **eine Impfung**, um einen langandauernden Schutz aufzubauen, während bei **Tot-Impfstoffen mehrmalige Injektionen** in bestimmten zeitlichen Abständen (Grundimmunisierung) notwendig sind.

1.8.3 Aktive Impfung

Durch Verabreichung von Impfstoffen aus abgeschwächten lebenden (Lebendvakzine) oder abgetöteten (Totvakzine) Krankheitserregern oder Teilen von ihnen wird eine spätere Infektionserkrankung verhütet.

Meist wird mit **mehreren Gaben** des Antigens zu bestimmten Zeiten (= Impfabstände) ein zuverlässiger Impfschutz aufgebaut, der dann für viele Jahre anhält. Dieses Vorgehen nennt man **Grund-Immunisierung.** Sie ist nur **einmal im Leben** erforderlich, denn dann hat der Körper gelernt, Antikörper gegen diesen Erreger aufzubauen. Da sich in der Regel dann auch Gedächtniszellen bilden, kann sich das Immunsystem bei späteren Kontakten mit diesem Erreger an ihn erinnern, produziert z. B. erneut Antikörper – der Mensch erkrankt nicht an dem Erreger, gegen den Impfschutz besteht.

Bei einigen Infektionskrankheiten muss man den Impfschutz mit einer Impfung auffrischen. Die Diphtherie- und Tetanus-Impfung zum Beispiel alle 10 Jahre. Gegen FSME wird alle 3 bis 5 Jahre aufgefrischt, je nach Alter des Patienten. Das Auffrischen des Impfschutzes nennt der Arzt auch oft **Boosterung.**

1.8.4 Passive Immunisierung

Siehe dazu auch Kapitel 1.3 und 7.7

Leihimmunität

Eine besondere Form der »passiven Immunisierung« erfolgt beim ungeborenen Kind durch die Mutter. Föten (Leibesfrucht vom dritten Schwangerschaftsmonat an) bekommen über die Plazenta (Mutterkuchen) mütterliche Antikörper mit und besitzen nach der Geburt für eine gewisse Zeit Immunität gegen diejenigen Infektionskrankheiten, bei denen dies möglich ist.

Diese Leihimmunität nennt man auch **Nestschutz.** Er hält nur in den ersten Lebensmonaten an. Denn der Körper des Kindes baut die ihm von der Mutter mitgegebenen Antikörper als für ihn körperfremde Eiweiße ab – auch wenn sie ihm helfen würden, nicht zu erkranken. Anschließend muss sich das Kind eine eigene dauerhafte Immunität aufbauen. (Einzelheiten siehe Kapitel 4)

Passive Immunisierung nach einer Verletzung

Damit ein Patient nach Kontakt mit einem Infektionserreger, gegen den er bisher keine Schutzimpfung bekommen hat (z. B. Tetanus = Wundstarrkrampf), nicht erkrankt, erhält er Antikörper injiziert. Damit hat er eine sofortige Immunität, die jedoch nur einige Wochen anhält. Ähnlich wie beim Nestschutz des Säuglings erhält der Patient also mit der Immunglobulin-Gabe nur eine **Leih-Immunität.**

Näheres siehe Kapitel 5.3 und 8.5 (Dokumentation) und in der aktuellen STIKO-Empfehlung, Tabelle: Tetanus-Immunprophylaxe im Verletzungsfall.

Simultan-Impfung

Damit der Patient nach Ablauf der Wirkung der passiven Immunglobuline nicht wieder schutzlos einer erneuten Tetanus-Infektion gegenüber steht, gibt der Arzt ihm am Verletzungstag **simultan** (= gleichzeitig) außer der **passiven** Immunisierung auch noch eine **aktive** Schutzimpfung. Mit dieser Antigengabe wird bewirkt, dass der Körper des Geimpften eigene Antikörper aufbaut.

In der empfohlenen Dosis und an unterschiedlichen Körperstellen (kontralateral) gegeben, behindern die speziellen Immunglobulin-Präparate nicht die Ausbildung der Immunität.

1.8.5 Tetanus-Grundimmunisierung

Damit der Impfschutz gegen Tetanus ausreichend hoch aufgebaut wird, benötigt der erwachsene Patient insgesamt drei Tetanus-Impfungen. Erst danach ist er ausreichend immunisiert (= grundimmunisiert) – sein Schutz reicht dann für ca. zehn Jahre.

Empfohlen wird die Gabe von Tetanus- und Diphtherie-Antigenen in einer Kombinationsimpfung (Td), wenn auch der Diphtherie-Impfschutz fehlt.

Merke

Tetanol pur® bzw. Tetanus-Impfstoff Mérieux® enthält Antigene und wird zur aktiven Impfung verwendet.

Tetagam® N bzw. Tetanobulin S/D 250. I.E. enthalten Antikörper zur passiven Immunisierung (Sofortschutz).

1.8.6 Zusammenfassung

Dringt ein Krankheitserreger in den menschlichen Körper ein, wird er als körperfremd, als Antigen erkannt. **Antigene** sind körperfremde Strukturen auf der Oberfläche von Krankheitserregern. Die Erreger werden von den Mikro- und Makrophagen (Fresszellen) aufgenommen und verdaut. Dabei lösen sie unter anderem die Bildung von speziellen **Antikörpern** und Gedächtniszellen aus.

Bei wiederholtem Antigen-Kontakt sorgen sie für eine rasche Immunantwort. So kann die Erkrankung nicht erneut ausbrechen.

Ausnahme (Beispiel): »Schnupfenviren« sind in der Lage ihr »Bild« ständig zu ändern und können so von den Gedächtniszellen nicht erkannt werden. Deshalb erkranken die Menschen öfter an Schnupfen, obwohl bereits Antikörper gebildet wurden.

Jetzt sind Sie dran!

1. Was antworten Sie?

(Lösung auf Seite 125)

a. Die Mutter eines Neugeborenen fragt, warum sie ihr Kind impfen lassen sollte, da sie gehört hätte, sie gäbe dem Kind doch den so genannten Nestschutz mit.

b. Ein Mann fragt, warum er sich aktiv impfen lassen sollte, wenn es doch schon Spritzen mit »fertigen« Antikörpern gäbe.

c. Ein neuer, älterer Patient (ohne Impfausweis) erscheint nach einer Verletzung im Garten bei Ihnen in der Praxis. Der Arzt möchte ihn aktiv und passiv gegen Tetanus impfen. Warum werden 2 Injektionen veranlasst?

d. Eine junge Frau soll aktiv geimpft werden. Sie möchte gerne wissen, was in der Spritze ist und warum sie dadurch geschützt ist.

____

____

____

____

2. Ergänzen Sie folgenden Merk-Satz:
Erhält ein Patient ____________, bildet sein Körper daraufhin ____________.

3. Meist gehören ______ Impfungen zu einer »Impfserie«. Man nennt diese ____________.

4. Eine Grund-Immunisierung braucht der Mensch ________ im Leben, danach hat sein Körper gelernt, Antikörper gegen diese Krankheit(en) zu bilden.

5. Welche Zellen sorgen dafür, dass ein Patient gesund bleibt, wenn er erneuten Kontakt mit dem Infektionserreger hat?

____

6. Welche Gruppe der Antikörper bietet einen langfristigen Schutz? (A: 1)

A IgM
B IgA
C IgG

6
A
B
C

7. Welche der folgenden Begriffe sind richtig zusammen geordnet? (A: 2)

1. Antigen
2. Tetagam N, Tetanobulin Immuno
3. Antikörper
4. Aktive Impfung
5. Passive Immunisierung
6. Tetanol pur®, Tetanus-Impfstoff Mérieux®

A 1+4+5
B 1+3+6
C 1+3+5
D 1+4+6
E 2+3+6
F 2+4+5
G 2+4+6
H 2+3+5

7
A
B
C
D
E
F
G
H

8. Antikörper – Immunglobuline – passive Immunisierung – ...?
Welche Worte ergänzen die obigen Begriffe sinnvoll? (A: 3)

A Vakzination
B Serumtherapie
C Makrophagen
D Leihimmunität
E Erworbene Immunität
F Nestschutz
G Immunologie
H Immundefekt

8
A
B
C
D
E
F
G
H

9. Unter »stille Feiung« versteht man?

---

10. Antigene sind (A: 2)

A Körperfremde Substanzen
B Körpereigene Substanzen
C Gedächtniszellen
D Körpereigene Abwehr von Infektionen
E Die Substanzen, die eine Immunantwort auslösen

10
A
B
C
D
E

11. Bilden Sie zwei korrekte Wortpaare: (A: 2)

1. angeboren
2. erworben
3. spezifisches Immunsystem
4. unspezifisches Immunsystem

A 1+3
B 1+4
C 2+3
D 2+4

12. Was regt das immunologische Gedächtnis besser an? (A: 1)

A Tot-Impfstoffe
B Lebend-Impfstoffe

13. Wie oft müssen in der Regel Lebend-Impfstoffe (für einen lang andauernden Impfschutz) gegeben werden? (A: 1)

A einmal
B mehrmals (Grund-Immunisierung)

14. Wie oft müssen in der Regel Tot-Impfstoffe (für einen lang andauernden Impfschutz) gegeben werden? (A: 1)

A einmal
B mehrmals (Grund-Immunisierung)

15. Wie nennt der Arzt eine Auffrischungsimpfung? (A: 1)

A Vakzination
B Boosterung
C Grund-Immunisierung

2 Schutz vor Infektionen

2.1 Vorab

Unter einer Infektion wird das Eindringen von pathogenen (krankmachenden) Erregern in den Körper und deren Vermehrung im Körper verstanden. Es kommt zu einer örtlichen oder allgemeinen Erkrankung.

2.2 Infektionsschutzgesetz (IfSG)

Das Gesetz zur Verhütung und Bekämpfung von Infektionskrankheiten beim Menschen trat am 1. Januar 2001 in Kraft. Es tritt an die Stelle des bis dahin verbindlichen Bundesseuchengesetzes (BseuchG).

Das Gesetz muss nicht unbedingt als Buch gekauft werden, sondern kann in seiner aktuellsten Form aus dem Internet herunter geladen werden (z. B. über www.rki.de/INFEKT/IFSG/IFSG.HTM). Selbstverständlich ist es auch über Suchmaschinen (wie z. B. www.google.de) zu finden. Einfach »IfSG« eintippen und »Seiten auf Deutsch« anklicken. Das Gesetz besteht aus 16 Abschnitten, die Einzelheiten für den Umgang mit Infektionskrankheiten enthalten.

Ziel des Gesetzes ist es, übertragbaren Krankheiten beim Menschen vorzubeugen, Infektionen frühzeitig zu erkennen und ihre Weiterverbreitung zu verhindern (§ 1 IfSG).

Das Robert-Koch-Institut (RKI) in Berlin **sorgt für Konzepte** zur Vorbeugung übertragbarer Krankheiten. **Es beauftragt** zum Beispiel die Ständige Impfkommission (STIKO), allgemeine Impfempfehlungen für die Ärzte zu erarbeiten und diese laufend zu aktualisieren.

Einige Paragrafen aus dem IfSG sind für das Thema Impfen besonders hervorzuheben:

§ 2 Begriffsbestimmungen
§ 6 Meldepflichtige Krankheiten (siehe Kapitel 2.3)
§ 7 Meldepflichtige Nachweise von Krankheitserregern (siehe Kapitel 2.3)
§ 8 Zur Meldung verpflichtete Personen (siehe Kapitel 2.3)
§ 9 Namentliche Meldung (siehe Kapitel 2.3)
§ 20 Schutzimpfungen
§ 21 Impfstoffe
§ 22 Impfausweis
§§ 60–61 Versorgung von Impfschäden

Im § 2 geht es darum, was man unter folgenden Begriffen versteht:

Schutzimpfung: Die Gabe eines Impfstoffes mit dem Ziel, vor einer übertragbaren Krankheit zu schützen.

ANDERE MASSNAHME DER SPEZIFISCHEN PROPHYLAXE:

Die Gabe von Antikörpern (passive Immunprophylaxe) oder die Gabe von Medikamenten (Chemoprophylaxe) zum Schutz vor Weiterverbreitung bestimmter übertragbarer Krankheiten.

Impfschaden: Die gesundheitliche und wirtschaftliche Folge einer über das übliche Ausmaß einer Impfreaktion hinausgehenden Schädigung durch die Schutzimpfung; ein Impfschaden liegt auch vor, wenn mit vermehrungsfähigen Erregern geimpft wurde und eine andere als die geimpfte Person geschädigt wurde.

Gesundheitsamt: Die nach Landesrecht für die Durchführung dieses Gesetzes bestimmte und mit einem Amtsarzt besetzte Behörde.

§ 20 widmet sich den **Schutzimpfungen und anderen Maßnahmen der spezifischen** (artgemäß, speziell) **Prophylaxe** (Vorbeugung). Darunter versteht man: Die Gabe von Antikörpern (passive Immunprophylaxe) oder die Gabe von Medikamenten (Chemoprophylaxe) zum Schutz vor Weiterverbreitung bestimmter übertragbarer Krankheiten.

Absatz 1 sagt, wer die Bevölkerung über die Bedeutung von Schutzimpfungen (und andere Maßnahmen der spezifischen Prophylaxe übertragbarer Krankheiten) informieren sollte. Es sind die zuständige obere Bundesbehörde, die obersten Landesgesundheitsbehörden und die Gesundheitsämter.

Absatz 2: Beim RKI wird eine Ständige Impfkommission (**STIKO**) eingerichtet. Sie **gibt Empfehlungen** zur Durchführung von Schutzimpfungen und zur Durchführung anderer Maßnahmen der spezifischen Prophylaxe übertragbarer Krankheiten heraus **und entwickelt Kriterien** zur Abgrenzung einer üblichen Impfreaktion und einer über das übliche Ausmaß einer Impfreaktion hinausgehenden gesundheitlichen Schädigung. (Kapitel 9.1, 9.3 und 9.4)

- Die Mitglieder der STIKO werden vom Bundesministerium für Gesundheit (BMG) im Einvernehmen mit den obersten Landesgesundheitsbehörden berufen.
- Vertreter des Bundesministeriums für Gesundheit, der obersten Landesgesundheitsbehörden, des RKI und des Paul-Ehrlich-Institutes (PEI) nehmen mit beratender Stimme an den Sitzungen der STIKO teil. Weitere Vertreter von Bundesbehörden können daran teilnehmen.

Die Empfehlungen der Kommission werden vom RKI den obersten Landesgesundheitsbehörden übermittelt und anschließend in einer Ausgabe der wöchentlich erscheinenden Zeitschrift »Epidemiologisches Bulletin« des RKI veröffentlicht. Am leichtesten sind die Empfehlungen im Internet unter www.rki.de/Gesund/Impfen/STIKO/STIKO.HTM zu finden.

Absatz 3: Die obersten Landesgesundheitsbehörden sollen auf der Grundlage der jeweiligen Empfehlungen der STIKO **öffentliche Empfehlungen** für Schutzimpfungen oder andere Maßnahmen der spezifischen Prophylaxe aussprechen. Den Unterschied zwischen den Empfehlungen der STIKO und den öffentlichen Empfehlungen können Sie im Kapitel 2.4 und 3.1 nachlesen.

Absatz 4: Das Bundesministerium für Gesundheit (BMG) wird ermächtigt, nach Anhörung der STIKO und der Spitzenverbände der gesetzlichen Krankenkassen zu bestimmen, dass die **Kosten für bestimmte Schutzimpfungen** von den Trägern der Krankenversicherung getragen werden.

Absatz 5: Die obersten Landesgesundheitsbehörden können bestimmen, dass die **Gesundheitsämter unentgeltlich** Schutzimpfungen oder andere Maßnahmen der spezifischen Prophylaxe gegen **bestimmte** übertragbare Krankheiten durchführen. Das heißt: Jedes Bundesland bzw. jede oberste Landesgesundheitsbehörde kann selber entscheiden, gegen welche Krankheiten sie die Bevölkerung schützen lassen will. Erkundigen Sie sich bei Ihrem örtlichen Gesundheitsamt, welche Impfungen dort angeboten werden, wann diese stattfinden und wer geimpft werden kann.

Absatz 6 und 7: Das Bundesministerium für Gesundheit (BMG) bzw. die Landesregierungen werden ermächtigt **anzuordnen**, dass bedrohte Teile der Bevölkerung an Schutzimpfungen oder anderen Maßnahmen der spezifischen Prophylaxe **teilzunehmen** haben, **wenn** eine übertragbare Krankheit mit klinisch schweren Verlaufsformen auftritt und mit ihrer epidemischen Verbreitung zu rechnen ist. Das Grundrecht der körperlichen Unversehrtheit (Artikel 2 Abs. 2 Satz 1 Grundgesetz) kann insoweit eingeschränkt werden. Ein Impfpflichtiger, der nach ärztlichem Zeugnis ohne Gefahr für sein Leben oder seine Gesundheit nicht geimpft werden kann, ist **von der Impfpflicht freizustellen;** dies gilt auch bei anderen Maßnahmen der spezifischen Prophylaxe.

§ 21 Impfstoffe

Hier erlaubt das IfSG auch die Gabe von Impfstoffen, die Mikroorganismen enthalten, welche vom Geimpften ausgeschieden und von anderen Personen aufgenommen werden können. (Beispiel: der Schluckimpfstoff gegen Kinderlähmung (OPV). Er wird heute nicht mehr routinemäßig angewendet.)

§ 22 Impfausweis

Absatz 1: Der impfende Arzt hat **jede** Schutzimpfung unverzüglich in einen Impfausweis einzutragen oder, falls der Impfausweis nicht vorgelegt wird, eine Impfbescheinigung auszustellen. Einzelheiten siehe Kapitel 8.2, Dokumentation.

§ 60 befasst sich mit der **Versorgung bei Impfschäden** und bei Gesundheitsschäden durch andere Maßnahmen der spezifischen Prophylaxe.

Absatz 1: Wer durch eine Schutzimpfung oder durch eine andere Maßnahme der spezifischen Prophylaxe, die öffentlich empfohlen und vorgenommen wurde, eine gesundheitliche Schädigung erlitten hat, erhält nach der Schutzimpfung wegen des Impfschadens auf Antrag eine Entschädigung. Wenden Sie sich bei Fragen an das Gesundheitsamt.

Das bedeutet, dass bei einem Impfschaden nicht der Arzt, sondern das jeweilige Bundesland haftet. Damit will man den Ärzten Sicherheit geben. Sie sollen nicht aus Angst vor etwaigen Haftungsfragen auf eine notwendige Impfung beim Patienten verzichten. Voraussetzung ist allerdings, dass der Arzt sorgfältig und nach dem Stand der medizinischen Wissenschaft sowie den Fachinformationen des entsprechenden Impfstoffes gehandelt hat.

Absatz 4: Auch die Hinterbliebenen eines Geschädigten haben Anspruch auf eine Entschädigung. Hier hilft ebenfalls das Gesundheitsamt weiter, wenn ein solcher (sehr seltener) Fall mal auftreten sollte.

§ 61 Gesundheitsschadensanerkennung
Zur Anerkennung eines Gesundheitsschadens als Folge einer Schädigung im Sinne des § 60 IfSG **genügt die Wahrscheinlichkeit des ursächlichen Zusammenhangs.**

Jetzt sind Sie dran!

(Lösungen auf Seite 125)

1. Was ist *nicht* Ziel des »neuen« Gesetzes? (A: 1)

A Übertragbaren Krankheiten beim Menschen vorzubeugen
B Infektionen frühzeitig zu erkennen
C Die Infektions-Weiterverbreitung zu verhindern
D Kreislauferkrankungen zu verhindern

1: A B C D

2. Welche(s) Einrichtung/Institut ist für die Durchführung des IfSG zuständig? (A: 1)

A Robert-Koch-Institut in Berlin
B Paul-Ehrlich-Institut
C Deutsches Grünes Kreuz

2: A B C

3. Was versteht man unter »andere Maßnahme der spezifischen Prophylaxe«? (A: 2)

A Die Gabe von Antikörpern (passive Immunprophylaxe) zum Schutz vor Weiterverbreitung bestimmter übertragbarer Krankheiten.
B Die Gabe von Medikamenten (Chemoprophylaxe) zum Schutz vor Weiterverbreitung bestimmter übertragbarer Krankheiten.
C Die Gabe von Antigenen (aktive Impfung) zum Schutz vor Weiterverbreitung bestimmter übertragbarer Krankheiten.

3: A B C

4. Das Robert-Koch-Institut hat eine Kommission gebildet, die sich mit Impffragen beschäftigt. Wie heißt dieses Gremium? (A: 1)

A Ständige Kommission (STKO)
B Impfkommission (SIKO)
C Ständige Impfkommission (STIKO)

5. Welche Aufgabe hat dieses Gremium? (A: 1)

A Es gibt Empfehlungen zur Durchführung von Schutzimpfungen heraus.
B Es gibt Maßnahmen zur Durchführung der spezifischen Prophylaxe übertragbarer Krankheiten heraus.
C Es entwickelt Kriterien zur Abgrenzung einer üblichen Impfreaktion und einer über das übliche Ausmaß einer Impfreaktion hinausgehenden gesundheitlichen Schädigung.
D Ankreuzen, wenn alle Antworten richtig sind.

6. Die Impf-Empfehlungen der Kommission werden vom RKI den obersten Landesgesundheitsbehörden übermittelt und anschließend veröffentlicht. Wo kann man sie *nicht* nachlesen? (A: 1)

A Im Internet (www.rki.de)
B Im Epidemiologischen Bulletin
C Im Deutschen Ärzteblatt
D Im Infektionsschutzgesetz (IfSG)

7. Ein Patient hat durch eine öffentlich empfohlene Impfung einen Gesundheitsschaden erlitten. Hat er Anspruch auf eine Entschädigung? Wenn ja, wer zahlt? (A: 1)

A Ja, er hat Anspruch. Es zahlt das Land.
B Ja, er hat Anspruch. Es zahlt der Arzt.
C Nein, er hat keinen Anspruch.
D Ankreuzen, wenn keine Antwort richtig ist.

8. Ergänzen Sie den Gesetzestext: »Zur Anerkennung eines Gesundheitsschadens als Folge einer Schädigung im Sinne des § 60 *genügt* ...?« (A: 1)

A ... dass die Impfung durchgeführt wurde.
B ... die Wahrscheinlichkeit des ursächlichen Zusammenhangs.
C ... der Wunsch des Patienten nach einer Entschädigung.

2.3 Meldepflichtige Infektionskrankheiten nach IfSG

In den §§ 6–15 Infektionsschutzgesetzes (IfSG) sind die meldepflichtigen Krankheiten, der Umgang mit ihnen (z. B. das Vorgehen bei einer Meldung) sowie die Zuständigkeiten festgelegt.

Laut § 6, Absatz 1, Punkte 3 und 4 ist zu melden:
3. Der Verdacht einer über das übliche Ausmaß einer Impfreaktion hinausgehenden gesundheitlichen Schädigung.

4. Die Verletzung eines Menschen durch ein tollwutkrankes, -verdächtiges oder -ansteckungsverdächtiges Tier sowie die Berührung eines solchen Tieres oder Tierkörpers.

Die Meldung erfolgt unverzüglich, d. h. spätestens 24 Stunden nach Kenntniserlangung, an das örtliche Gesundheitsamt. Welche Formulare dafür auszufüllen sind, ist ebenfalls dort zu erfahren.

Beachte:
Unterlassene, nicht richtige, nicht vollständige oder nicht rechtzeitige **Meldungen** sind nach dem **IfSG § 73** ordnungswidrig und können mit einer Geldbuße von bis zu € 25 000 geahndet werden. Wer hierdurch vorsätzlich eine Krankheit oder ein Krankheitserreger verbreitet, kann mit einer Freiheitsstrafe bis zu 5 Jahren oder mit einer Geldstrafe bestraft werden (§ 74 IfSG).

§ 8 Zur Meldung verpflichtete Personen
Absatz 1: Zur Meldung oder Mitteilung sind verpflichtet:

Im Falle des § 6 der feststellende Arzt (der leitende Arzt, der leitende Abteilungsarzt, der behandelnde Arzt, auch der Tierarzt), **eingeschränkt auch** Angehörige eines anderen Heil- oder Pflegeberufs (mit staatlicher Ausbildung, wie z. B. dem der Medizinischen Fachangestellten), sowie Heilpraktiker (**wenn kein Arzt hinzugezogen wurde**).

In Absatz 2 und 3 kann man nachlesen, wann die Meldepflicht entfällt.

Absatz 5: Der Meldepflichtige hat dem **Gesundheitsamt unverzüglich mitzuteilen, wenn sich eine Verdachtsmeldung nicht bestätigt hat.**
§ 9 widmet sich der namentlichen Meldung und den Angaben, die sie enthalten muss.

Beachte:
die Formblätter zur Datenübermittlung an das Gesundheitsamt sollten aus Gründen des Datenschutzes nicht gefaxt werden. Wenn es unvermeidbar ist, verwenden Sie einen geschützten Fax-Modus. Das bedeutet: Sie legen das Papier in Ihr Faxgerät und speichern es unter einer Nummer. Nur das Gesundheitsamt (dem Sie diese Nummer mitgeteilt haben) kann dann das Fax bei Ihnen abrufen.

2.3.1 Merkblätter des RKI

Nicht unmittelbar zum Thema Impfen, aber im Zusammenhang mit Infektionskrankheiten sehr wichtig ist die Frage, wann ein an einer ansteckenden Krankheit erkranktes Kind oder eine andere Person wieder zum Besuch der Schule oder anderer Gemeinschaftseinrichtungen zugelassen werden darf. Ein **Merkblatt mit dem Titel** »Empfehlungen für die Wiederzulassung in Schulen und sonstigen Gemeinschaftseinrichtungen« wurde für Ärzte, Leitungen von Gemeinschaftseinrichtungen und Gesundheitsämter herausgegeben. Die vollständige aktualisierte Fassung ist im Internet unter www.rki.de verfügbar.

Zu jeder Krankheit gibt es dort folgende Rubriken:
1. Inkubationszeit
2. Dauer der Ansteckungsfähigkeit
3. Zulassung nach Krankheit
4. Ausschluss von Ausscheidern
5. Ausschluss von Kontaktpersonen
6. Hygienemaßnahmen zur Verhütung von Infektionen
7. Medikamentöse Prophylaxe (Vorbeugung) nach Exposition (Grad der Gefährdung)

Darüber hinaus erfährt man gleich unter dem Namen der Erkrankung, ob diese **Krankheit meldepflichtig** ist.

Merke

Das Gesundheitsamt hilft Ihnen bei Fragen zum IfSG.

Jetzt sind Sie dran!

(Lösungen auf Seite 125)

1. Innerhalb welcher Frist muss der Verdacht einer über das übliche Ausmaß einer Impfreaktion hinausgehenden gesundheitlichen Schädigung gemeldet werden? (A: 1)

A Die Meldung muss sofort geschehen, d. h. spätestens 1 Stunde nach Kenntniserlangung.
B Die Meldung soll unverzüglich geschehen, d. h. spätestens 24 Stunden nach Kenntniserlangung.
C Die Meldung sollte bald geschehen, d. h. innerhalb von 48 Stunden nach Kenntniserlangung.
D Die Meldung sollte innerhalb der ersten Woche nach Kenntniserlangung erfolgen.

1: A B C D

2. Die Meldung erfolgt an

____

3. Wer ist in diesem Fall noch zu informieren? (A: 3)

A Die Arzneimittelkommission der deutschen Ärzteschaft ist zu informieren.
B Der Hersteller sollte (formlos) informiert werden.
C Der Patient ist über eventuelle Entschädigungen aufzuklären.
D Es muss eine Information des Robert-Koch-Institutes veranlasst werden.

3: A B C D

4. Ihr Chef hatte den Verdacht, dass Nadine Schmidt (3 Jahre alt, besucht den örtlichen Kindergarten) an Masern erkrankt war. Dieser Verdacht wurde dem Gesundheitsamt gemeldet. Bei der heutigen Untersuchung bestätigte sich dieser Verdacht jedoch nicht. Muss das Gesundheitsamt hierüber informiert werden? (A: 1)

A Ja, der Meldepflichtige muss dieses unverzüglich mitteilen (§ 8 Absatz 5 IfSG).
B Nein, das Gesundheitsamt wird uns schon anrufen, wenn sie das wissen will.

4: A B

5. Heinz Schmidt, leidenschaftlicher Hobby-Jäger, hatte trotz größter Vorsicht Kontakt mit einem toten, tollwütigen Fuchs. Muss die Berührung gemeldet werden? (A: 1)

A Ja
B Nein

5: A B

2.4 Öffentlich empfohlene Impfung

Auf Grund von § 20 Abs. 3 des Infektionsschutzgesetzes (IfSG) empfiehlt jede oberste Landesgesundheitsbehörde für ihr Bundesland, welche Schutzimpfungen öffentlich empfohlen werden. Die Grundlage dazu bildet die Impfempfehlung der Ständigen Impfkommission (STIKO), die deshalb auch oft »allgemeine« Impfempfehlung genannt wird.

Veröffentlicht wird die öffentliche Impfempfehlung im Amtsblatt des jeweiligen Bundeslandes und oft auch im Internet auf der Homepage der Landesregierung oder des Gesundheitsministeriums. Die obersten Landesgesundheitsbehörden sind die für Gesundheit zuständigen Ministerien. Sie finden die Adressen in der Roten Liste. Suchen Sie im Inhaltsverzeichnis der Roten Liste »Stufenbeteiligte«. Auf der Seite finden Sie unter den Bundesoberbehörden **die obersten Landesgesundheitsbehörden** jedes Bundeslandes.

Warum »öffentliche Impfempfehlung«?

Kommt ein Patient bei einer ordnungsgemäß durchgeführten, öffentlich empfohlenen Schutzimpfung zu Schaden, tritt das Land hierfür ein. Sollte ein Arzt also eigene Zweifel an der Sicherheit von Impfstoffen haben, braucht er nicht aus Sorge, eventuell haften zu müssen, auf die notwendige Impfung für den Patienten verzichten.

Die öffentlichen Empfehlungen der einzelnen Bundesländer sehen in der Gestaltung sehr unterschiedlich aus. Im Inhalt ähneln sie sich aber doch. In der Regel sind dort folgende Punkte geklärt:

- Entweder wird jede öffentlich empfohlene Impfung namentlich aufgeführt **oder**
- es heißt, dass alle von der STIKO empfohlenen Impfungen auch öffentlich empfohlene Impfungen sind.

Die Personenkreise für die die Impfung gelten soll,

- können von der STIKO übernommen werden **oder**
- sie werden eingeschränkt **oder**
- es werden Sonderregelungen getroffen.

In diesen Dingen sind sich die Bundesländer ziemlich einig:

- Die Schutzimpfungen sind dem Stand der medizinischen Wissenschaft entsprechend durchzuführen (d. h. die STIKO-Empfehlung ist zu beachten).
- Es ist jeweils der **aktuelle** Stand der STIKO-Empfehlung anzuwenden.
- Oft müssen auch die ergänzenden Hinweise und Mitteilungen der STIKO zu Fragen und Antworten zu verschiedenen Schutzimpfungen, veröffentlicht im Epidemiologischen Bulletin des RKI, beachtet werden.
- Es dürfen nur Impfstoffe verwendet werden, die vom Paul-Ehrlich-Institut (PEI) oder von der Kommission der Europäischen Gemeinschaften oder dem Rat der Europäischen Union zugelassen sind.
- Die einzelne Charge muss vom PEI freigegeben oder von der Freigabe freigestellt worden sein.
- Ausnahmen hiervon können in medizinisch begründeten Einzelfällen auf Antrag des behandelnden Arztes vom fachlich zuständigen Ministerium genehmigt werden. Einige Bundesländer nennen auch konkret, unter welchen Bedingungen ausländische Impfprodukte bei uns zum Einsatz kommen dürfen. Auch hier gilt der Einzelfall.
- Die aktuellen Fachinformationen (Herstellerhinweise) für die Anwendung der Impfstoffe sind zu beachten.
- Bei Verwendung von Mehrfachimpfstoffen müssen alle Einzelkomponenten öffentlich empfohlen sein.
- Tritt eine gesundheitliche Schädigung ein, haftet das Land. Teilweise wird auch das zuständige Amt genannt, an das man sich wenden sollte. Fragen Sie im Zweifel das Gesundheitsamt.

Merke

Kommt ein Patient bei einer ordnungsgemäß durchgeführten öffentlich empfohlenen Schutzimpfung zu Schaden, haftet nicht der Arzt, sondern das Land. Sollte ein Arzt eigene Zweifel an der Sicherheit von Impfstoffen haben, braucht er nicht aus Sorge, eventuell haften zu müssen, auf die notwendige Impfung für den Patienten verzichten.

Notizen

3 Ständige Impfkommission (STIKO)

3.1 Vorab

Gemäß § 20 Absatz 2 des Infektionsschutzgesetzes (IfSG) hat das Robert Koch-Institut (RKI) in Berlin eine Ständige Impfkommission (STIKO) eingerichtet. Die STIKO **gibt Empfehlungen** zur Durchführung von Schutzimpfungen und zur Durchführung anderer Maßnahmen der spezifischen Prophylaxe übertragbarer Krankheiten heraus. Sie berücksichtigt dabei auch internationale Erfahrungen anderer Länder. Sie wird auch **allgemeine Impfempfehlung** genannt.

Diese Empfehlungen spiegeln den neuesten medizinischen Kenntnisstand wider und gelten deshalb als »**Stand der medizinischen Wissenschaft**«. Da die Medizin sich ständig weiterentwickelt, sind stetige Anpassungen der Impfempfehlungen erforderlich.

Veröffentlicht wird die Impfempfehlung im **Epidemiologischen Bulletin**. Diese wöchentlich erscheinende Zeitschrift, die aktuelle Daten und Informationen zu Infektionskrankheiten veröffentlicht, wird vom RKI herausgegeben. Etwa einmal im Jahr (meistens im Juli/August) werden darin dann die aktualisierten Impfempfehlungen der STIKO veröffentlicht.

Bezugsmöglichkeiten der Empfehlungen der STIKO:

1. Im Internet: www.rki.de/Gesund/Impfen/STIKO/STIKO.HTM
2. Robert-Koch-Institut, Kennwort »STIKO-Empfehlungen«, Nordufer 20, 13353 Berlin
3. Über Vertreter der Impfstoff-Firmen

Es lohnt sich, die komplette Empfehlung zu lesen. Die Seiten sind verständlich und interessant geschrieben. Wenn Sie die Empfehlung einmal komplett gelesen haben, brauchen Sie bei der nächsten Änderung nur noch die farblich (oder unterstrichenen) und am Rand gekennzeichneten Bereiche zu lesen, um auf dem neuesten Stand zu sein!

Merke

1. Ein Exemplar der STIKO-Empfehlungen sollte in jeder Praxis vorhanden sein.
3. Diese Empfehlungen sind die Basis für alle, die sich mit dem Thema Impfen beschäftigen.

Inhalte der STIKO-Empfehlung

- **Vorbemerkungen**
- 6 Tabellen, teilweise mit Anmerkungen
- Großer Informationsteil

3.2 STIKO-Vorbemerkungen

BEGRIFFE

Präventiv: vorbeugend

regional: örtlich

eliminieren: beseitigen, unwirksam werden lassen

Poliomyelitis: Kinderlähmung

spezifische Prophylaxe: arteigene Vorbeugung

Hier schreibt die STIKO in ihren Vorbemerkungen:

Vorbemerkungen:

Impfungen gehören zu den wirksamsten und wichtigsten präventiven Maßnahmen der Medizin. Moderne Impfstoffe sind gut verträglich; bleibende unerwünschte gravierende Arzneimittelwirkungen werden nur in ganz seltenen Fällen beobachtet. Unmittelbares Ziel der Impfung ist es, den Geimpften vor einer Krankheit zu schützen. Bei Erreichen hoher Durchimpfungsraten ist es möglich, einzelne Krankheitserreger regional zu eliminieren und schließlich weltweit auszurotten. Die Eliminierung der Masern und der Poliomyelitis ist erklärtes und erreichbares, für die Poliomyelitis in Europa ein (im Juni 2002) bereits erreichtes Ziel nationaler und internationaler Gesundheitspolitik.

In der Bundesrepublik Deutschland besteht keine Impfpflicht. Impfungen von besonderer Bedeutung für die Gesundheit der Bevölkerung und andere Maßnahmen der spezifischen Prophylaxe sollen von den obersten Gesundheitsbehörden der Länder auf der Grundlage der STIKO-Empfehlungen entsprechend § 20 Abs. 3 des Infektionsschutzgesetzes (IfSG) »öffentlich empfohlen« werden. Versorgung bei Impfschäden durch »öffentlich empfohlene« Impfungen leisten die Bundesländer.

Auszug aus: Empfehlungen der Ständigen Impfkommission (STIKO), Stand: Juli 2005

Siehe dazu auch Kapitel 2.2 (IfSG) und 2.4 (öffentlich empfohlene Impfungen).

Was will die STIKO?

- Die Grundimmunisierung bei Säuglingen und Kleinkindern frühzeitig beginnen, ohne Verzögerung durchführen und zeitgerecht abschließen.
- Nach der Grundimmunisierung bis zum Lebensende ggf. durch regelmäßige Auffrischungen sicherstellen, dass der notwendige Impfschutz erhalten bleibt.
- Arztbesuche von Kindern, Jugendlichen und Erwachsenen dazu nutzen, die Impfdokumentationen zu überprüfen und ggf. den Impfschutz vervollständigen.

Fassen wir zusammen:

- **Jeder** Patient sollte einen ausreichenden Impfschutz besitzen.
- Säuglinge und Kleinkinder sollten frühzeitig ihre Grundimmunisierung erhalten.
- Die Grundimmunisierung sollte ohne Verzögerung durchgeführt werden, um sie zeitgerecht abzuschließen.
- Auffrischimpfungen sorgen dafür, dass der Impfschutz erhalten bleibt.
- Wenn es erforderlich ist, sollte der Impfschutz gegen weitere Infektionskrankheiten aufgebaut werden (z. B. vor Aufnahme bestimmter beruflicher Tätigkeiten oder vor Reiseantritt).
- Jeder Arztbesuch sollte genutzt werden, die Impfdokumentation zu überprüfen und im gegebenen Fall den Impfschutz zu vervollständigen. Das könnte die Medizinische Fachangestellte übernehmen.

Impfen und die Praxisgebühr

Da Impfungen zu den präventiven Leistungen zählt, braucht ein Patient, wenn er sich ausschließlich impfen lassen möchte, **keine** Praxisgebühr entrichten.

Der Arztbesuch des Patienten sollte von der Arzthelferin im regelmäßigen Abstand dazu genutzt werden, die Impfdokumentation zu überprüfen und im gegebenen Fall den Impfschutz zu vervollständigen. Dies ist eine wichtige Aufgabe der Medizinischen Fachangestellten. **In Schleswig-Holstein** unterstützen die Krankenkassen diese Tätigkeit mit der Ziffer 99015 im EBM 2000 plus.

3.3 Impfleistung

Die Impfleistung des Arztes umfasst neben der Impfung:

- Information über den Nutzen der Impfung und die zu verhütende Krankheit,
- Hinweise auf mögliche Nebenwirkungen oder Komplikationen,
- Erhebung der Anamnese und der Impfanamnese einschließlich der Befragung über das Vorliegen möglicher Kontraindikationen,
- Feststellen der aktuellen Befindlichkeit zum Ausschluss akuter Erkrankungen,
- Empfehlungen über Verhaltensmaßnahmen an die Impfung,
- Aufklärung über Beginn und Dauer der Schutzwirkung,
- Hinweise zu Auffrischimpfungen,
- Dokumentation der Impfung im Impfausweis bzw. Ausstellen einer Impfbescheinigung.

Auszug aus: Empfehlungen der Ständigen Impfkommission (STIKO), Stand: Juli 2005

Der Arzt kann bei den letzten vier Punkten von Ihnen unterstützt werden. Fügen Sie folgende Informationen hinzu:

1. **Verhaltensmaßnahmen nach der Impfung:**

- Keine größere körperliche Belastung am Impftag, das heißt zum Beispiel, keinen großen Hausputz vornehmen (Staubsaugen wäre durchaus in Ordnung!).
- Leichte sportliche Betätigung (Spazieren gehen, leichte Bewegung, auch Schulsport) ist möglich und empfehlenswert, da dadurch die Antikörperbildung verbessert wird.
- Keinen Sportwettkampf, keinen Leistungssport (hemmt die Antikörperbildung).
- Keine Saunagänge am Impftag (führt zu **vermehrten** Beschwerden an der Injektionsstelle: Rötung, Schwellung, Schmerzhaftigkeit).
- Rötung, Schwellung und Schmerzhaftigkeit sind an der Injektionsstelle normale Körperreaktionen (siehe auch Kapitel »Impfreaktionen«).
- Bei Schmerzen an der Impfstelle: kühlen (Kühlpack, nass-kalter Waschlappen).
- Bei stärkeren Beschwerden: den Impfarzt anrufen oder aufsuchen.

2. **Beginn und Dauer der Schutzwirkung:**

- **Beginn** ca. 4–14 Tage nach der Impfung.
- **Dauer der Schutzwirkung:** Nach erfolgter Grundimmunisierung beträgt die Schutzdauer meist 10 Jahre. Dies gilt zum Beispiel für Tetanus, Diphtherie, Poliomyelitis und Hepatitis B.

3. **Hinweise zu Auffrischimpfungen:**

Sie erfolgen in der Regel nach 10 Jahren (Tetanus, Diphtherie, Poliomyelitis).

Einige Ausnahmen:

- Die **Hepatitis-B-Impfung** sollte nur bei Fortbestehen eines Infektionsrisikos mit hoher Infektionsdosis (z. B. Nadelstich, Nadeltausch, häufige Übertragung von Blut oder Blutprodukten, Hämodialyse) nach 10 Jahren mit 1 Dosis aufgefrischt werden.
- Die **Grippe-Impfung** wird jedes Jahr aufgefrischt.
- Nach **Meningokokken-Impfung** mit Mencevax®ACWY
  - bei Kindern, die vor Vollendung des 2. Lebensjahres geimpft wurden, höchstens 2 Jahre Schutz,
  - bei Kindern über 2 Jahren und bei Erwachsenen 3–5 Jahre.

- Nach **FSME-Impfung** Schutz für ca. 3–5 Jahre (je nach Alter des Patienten).
- Nach **Pneumokokken-Impfung** bei Erwachsenen Schutz für 6 Jahre.
- Nach **MMR-Impfung** hält der Schutz vermutlich lebenslang (Studien dazu laufen noch).

4. **Dokumentation der Impfung:**
- Siehe IfSG, § 22 Absatz 1 und 2
- Siehe auch Kapitel 8 und 9

Ein weiterer, ganz wichtiger Absatz der STIKO ist der folgende:

3.4 Aufklärungspflicht

Die Aufklärung ist laut STIKO ein wichtiger Teil der Impfleistung des Arztes (siehe STIKO-Vorbemerkung). Vor Durchführung einer Schutzimpfung hat der Arzt die Pflicht, den Impfling oder den anwesenden Elternteil bzw. Sorgeberechtigten über die zu verhütende Krankheit und die Impfung aufzuklären, damit sie über die Durchführung der Impfung entscheiden können.

> Neben den von der STIKO empfohlenen Impfungen sind auf der Basis der existierenden Impfstoff-Zulassungen weitere »Impfindikationen« möglich, auf die in der STIKO-Empfehlung nicht weiter eingegangen wird, die aber für den einzelnen Patienten seiner individuellen (gesundheitlichen) Situation entsprechend sinnvoll sein können. Es liegt in der Verantwortung des Arztes, seine Patienten auf diese weiteren Schutzmöglichkeiten hinzuweisen. Insofern hindert auch eine fehlende STIKO-Empfehlung den Arzt nicht an einer begründeten Impfung.

Auszug aus: Empfehlungen der Ständigen Impfkommission (STIKO), Stand: Juli 2005

Leider steht dieser Absatz nicht zum Schluss der Vorbemerkungen, sondern erst einige Seiten später in der STIKO-Empfehlung. Er ist für den Arzt von erheblicher Wichtigkeit. Denn hier **sichert sich jetzt die STIKO** für den Fall **ab**, dass es Besonderheiten beim Patienten gibt, die von der STIKO nicht berücksichtigt worden sind.

Es könnte ja sein, dass ein Arzt erkennt (»es liegt in der Verantwortung des Arztes«), dass ein Patient an einer seltenen Krankheit leidet und deshalb gegen eine bestimmte Infektionskrankheit geschützt sein sollte. Er liest in der STIKO nach und findet bei der Erkrankung, gegen die er den Patienten schützen möchte, diese seltene Indikation nicht mit aufgeführt. Jetzt hat er mit dem oben erwähnten Absatz den erforderlichen Freiraum, um im vollverstandenen Sinne diesen Patienten trotzdem zu impfen. (»… hindert auch eine fehlende STIKO-Empfehlung den Arzt nicht an einer begründeten Impfung.«)

Die Aufklärung sollte Informationen geben über:
- die zu verhütende Krankheit,
- den Nutzen der Impfung,
- die Kontraindikationen,
- die Durchführung der Impfung,
- den Beginn und die Dauer des Impfschutzes,
- das Verhalten nach der Impfung,
- mögliche Nebenwirkungen und Impfkomplikationen (siehe *Epid. Bull.* 6/2004; www.rki.de > Infektionsschutz > Epidemiologisches Bulletin > Archiv > 2004/06) sowie
- die Notwendigkeit und die Termine von Folge- und Auffrischimpfungen.

Für **öffentliche Impftermine** wird eine vorherige Aufklärung in schriftlicher Form empfohlen. Eine Gelegenheit zu weitergehenden Informationen durch ein Gespräch mit dem Arzt muss aber gegeben sein.

Aufklärungsmerkblätter für Impfungen durch die niedergelassenen Ärzte sind z. B. verfügbar beim **Deutschen Grünen Kreuz**, Schuhmarkt 4, 35037 Marburg, und beim **proCompliance Verlag** GmbH, Weinstraße 70, 91058 Erlangen. Außerdem stehen Aufklärungsmerkblätter über die **Homepage des »Forum impfende Ärzte«** (www.forum-impfen.de) mit Passwort unentgeltlich zur Verfügung.

- Die Merkblätter enthalten auch einen der jeweiligen Impfung adäquaten **Fragebogen zum Gesundheitszustand** des Impflings und zu vorausgegangenen Schutzimpfungen. Ergeben sich bei der Beantwortung Unklarheiten, ist in jedem Fall ein Gespräch mit dem Impfling oder den Eltern bzw. Sorgeberechtigten erforderlich.
- Die Merkblätter enthalten eine **Einwilligungserklärung.** Bei Minderjährigen ist regelmäßig die Einwilligung der Eltern bzw. Sorgeberechtigten einzuholen. Jugendliche können selbst einwilligen, wenn sie die erforderliche Einsichts- und Entscheidungsfähigkeit besitzen; das ist in der Regel mit 16 Jahren der Fall.
- Bei Einzelimpfungen ist die mündliche Form der Aufklärung ausreichend.
- **Es bedarf zur Einwilligung auch keiner Unterschrift.**
- Die durchgeführte Aufklärung ist durch den impfenden Arzt in den Patientenunterlagen zu dokumentieren.
- Wird der Aufklärung ein entsprechendes Aufklärungsmerkblatt zugrunde gelegt, sollte der impfende Arzt in seiner Dokumentation darauf verweisen. Auch in diesem Fall ist dem Impfling bzw. dem Sorgeberechtigten Gelegenheit für gezielte Nachfragen zu geben.

Jetzt sind Sie dran!

(Lösungen auf Seite 125)

Ergänzen Sie nun zur Wiederholung den Lückentext und lesen Sie weitere Informationen:

Der Arzt hat ______________ Durchführung der Impfung den ______________ oder den anwesenden ______________ bzw. Sorgeberechtigten aufzuklären. Aufklärung und Impfung können am gleichen Tag erfolgen! Auf unnötige Dramatisierung sollte verzichtet werden.

Dies kann der Arzt ______________ oder mit Hilfe eines Aufklärungsmerkblattes tun. Merkblätter sind üblich und haben für den Arzt den Vorteil der späteren Beweisbarkeit. Die alleinige Aufklärung durch ein Merkblatt ist nicht ausreichend. Es muss immer Gelegenheit zu einem ______________ geboten werden.

Die Aufklärung in schriftlicher Form (= Merkblatt) wird für ______________ Impftermine empfohlen, d. h. für die Gesundheitsämter.

Merkblätter können beim ____________________________ (= DGK; zum Stückpreis von € 0,10 zzgl. MWST + Versandkosten, Fax: 06421/293-170) oder im proCompliance Verlag erworben werden.

Sie enthalten einen Fragebogen zum ____________________________ des Patienten und eine ______________ erklärung. Auch eine Internet-Quelle wird genannt, dort sind die Exemplare ______________ erhältlich.

Die Einwilligung zur Impfung kann mündlich oder »durch die Tat« (Arm zum Impfen hinhalten) erfolgen; eine Unterschrift ist ______________ erforderlich. Bei ____________________________ ist die Einwilligung der Eltern bzw. Sorgeberechtigten einzuholen.

Bei Routinemaßnahmen wie einer Impfung genügt die Einwilligung eines Elternteiles. Der Arzt kann in der Regel darauf vertrauen, dass der andere Elternteil ebenfalls zustimmt.

Jugendliche können selber einwilligen, wenn sie die erforderliche Einsichts- und Entscheidungsfähigkeit besitzen, das ist in der Regel mit ______ Jahren der Fall.

Bei der zweiten Impfung mit gleichem Impfstoff im Rahmen einer Grundimmunisierung ist keine erneute Aufklärung erforderlich.

Meist überreicht die ____________________ dem Patienten das Merkblatt zum Lesen (oder sendet es ihm bei telefonischer Impftermin-Vereinbarung nach Hause zu).

Der ________________ wird dann dem Patienten folgende Fragen stellen:

- Haben Sie das Blatt gelesen?
- Haben Sie es verstanden?
- Haben Sie noch Fragen?

Das nennt man **Stufenaufklärung:**

Stufe 1: Inhalt des Merkblattes lesen lassen.

Stufe 2: Hat der Patient zusätzliche Fragen, sollte der Arzt zu einem persönlichen Gespräch zur Verfügung stehen.

Aufklärung **Td Nr. 1**

zur Schutzimpfung gegen Diphtherie und Wundstarrkrampf (Tetanus)

Schutzimpfungen gegen Diphtherie und Wundstarrkrampf (Tetanus) können mit einem Kombinationsimpfstoff (Td) als Zweifachimpfung durchgeführt werden. Es ist deshalb sinnvoll, diese beiden Krankheiten und die zu ihrer Verhütung dienenden Impfungen gemeinsam zu besprechen.

Auch moderne Behandlungsmöglichkeiten können bei Ungeimpften die oft schwerwiegenden Krankheitsverläufe und die Folgen von Diphtherie und Tetanus nicht immer verhindern. **Vor diesen Erkrankungen schützt nur die rechtzeitig durchgeführte Schutzimpfung!**

Diphtherie ist eine durch das Gift (Toxin) des Diphtheriebakteriums hervorgerufene lebensbedrohende Krankheit, die vorwiegend durch Tröpfcheninfektion mit der Atemluft übertragen wird. Vor Einführung der Impfung war die als Rachen-, Kehlkopf-, Nasen- und Wunddiphtherie auftretende Infektion eine der gefürchtetsten Erkrankungen im Kindes-, aber auch im Erwachsenenalter, an der viele starben oder einen Herzmuskelschaden erlitten. Eine hohe Impfbeteiligung hat die Diphtherie in Deutschland bis auf wenige Erkrankungen zurückgedrängt. Da Diphtherie jedoch weltweit – darunter auch in einigen osteuropäischen Ländern – weiterhin auftritt, ist die Gefahr der Einschleppung in unser Land jederzeit gegeben.

Wundstarrkrampf (Tetanus) ist eine lebensgefährliche Krankheit, die Menschen in jedem Alter bedroht. Der vor allem im Erdreich und im Straßenstaub vorkommende Erreger kann durch Schnitt-, Riss-, Biss- oder Schürfwunden, auch kleinste Bagatellverletzungen, sowie bei sonstigen Schäden an der Hautoberfläche (offenes Ekzem, Verbrennungswunden, „offenes" Bein) in die Haut gelangen, sich vermehren und das krankmachende Gift (Toxin) bilden. Muskelkrämpfe kennzeichnen das meist sehr schwere Krankheitsbild und können bei Beteiligung der Atemmuskulatur zu Erstickung führen. Trotz moderner Behandlungsmethoden liegt die Sterblichkeit Tetanuskranker noch immer bei mehr als 30 Prozent.

Seite 1 des Aufklärungsmerkblatts Td Nr. 1 des Deutschen Grünen Kreuzes

Dokumentation
In der Kartei bzw. im PC wird dann nur z. B. »AsM« dokumentiert, das heißt: Aufklärung siehe Merkblatt. Somit entfällt die lästige Dokumentation aller Dinge, die im obigen ersten Absatz unter »Die Aufklärung sollte umfassen: ...« notiert sind.

Selbstverständlich steht es dem Arzt frei, alle im Merkblatt genannten Dinge dem Patienten mündlich mitzuteilen. Doch das kostet viel Zeit. Für den Patienten ergibt sich der Vorteil, dass er das Blatt lesen kann, wenn er aufnahmebereit ist, und sich auch gleich Fragen notieren kann, die ihm der Arzt später erklärt. So fühlt er sich von seiner Praxis optimal betreut.

Merke

Merkblätter helfen Zeit zu sparen und sind für den Arzt eine rechtliche Absicherung.

Aber Achtung:
Auch die Merkblätter werden immer aktualisiert! Fragen Sie von Zeit zu Zeit beim Herausgeber nach, ob die Vorlage noch aktuell ist. (Bestell-Nummer und Kennziffer helfen dem Verlag bei der Beantwortung Ihrer Anfrage.) Bestellen Sie also nicht zuviel.

Wer weitere Informationen haben möchte, sollte sich das Epidemiologische Bulletin des RKI, Heft 6/2004 besorgen. Diese Ausgabe befasst sich mit den im Januar 2004 aktualisierten Hinweisen für Ärzte zum Aufklärungsbedarf bei Schutzimpfungen.

Praxistipp
Das Deutsche Grüne Kreuz bietet Ihnen ganz **neu** eine **Impf-Service-Praxismappe** zu einem Basispreis von € 25 an, die jährlich ein Update erhält. Jede Seite der Loseblattsammlung ist strapazierfähig mit einer Schutzschicht überzogen. Die Texte sind auf dem neuesten Stand der STIKO-Empfehlung, bei Änderungen werden Ergänzungsblätter erstellt und auf Wunsch nachgeliefert.

Die Mappe enthält Informationen über das Immunsystem allgemein, sämtliche Erkrankungen, Standardimpfungen, Indikationsimpfungen, Reiseimpfungen, häufig gestellte Fragen mit den Antworten sowie **alle Impf-Aufklärungsbögen**. Infektionskrankheiten und Impfungen werden dargestellt, Impfpläne für verschiedene Altersgruppen erläutert und Nutzen und Risiken von Impfungen gegeneinander abgewogen.

Die Mappe kann sowohl im Wartezimmer als auch beim Praxisteam hinterlegt werden. Patienten können sich so gezielt zu speziellen Fragestellungen informieren und auf das Gespräch mit dem Arzt vorbereiten.

3.5 Kontraindikationen

BEGRIFFE

Genesung: Gesundung

postexpositionelle Impfung: zeitlich nach der Infektion erfolgte Impfung als therapeutische Maßnahme

Kontraindikation: Gegenanzeige

anaphylaktische Symptome: akute Kreislaufregulationsstörung, tritt Sekunden bis Minuten nach Kontakt mit einem Antigen auf, gegen das der betroffene Organismus überempfindlich ist

Immundefekt: Immunmangelkrankheit

serologische Kontrolle: Blutuntersuchung auf gebildete Antikörper

Immundefizienz: defekte Immunantwort

Dazu schreibt die STIKO:

> **Kontraindikationen**
>
> Kinder, Jugendliche und Erwachsene mit akuten behandlungsbedürftigen Erkrankungen sollten frühestens zwei Wochen nach Genesung geimpft werden (Ausnahme: postexpositionelle Impfung).
>
> Unerwünschte Arzneimittelwirkungen im zeitlichen Zusammenhang mit einer Impfung müssen in Abhängigkeit von der Diagnose keine absolute Kontraindikation gegen eine nochmalige Impfung mit dem gleichen Impfstoff sein.
>
> Impfhindernisse können Allergien gegen Bestandteile des Impfstoffs sein. In Betracht kommen vor allem Neomycin und Streptomycin sowie in seltenen Fällen Hühnereiweiß. Personen, die nach oraler Aufnahme von Hühnereiweiß mit anaphylaktischen Symptomen reagieren, sollten nicht mit Impfstoffen, die Hühnereiweiß enthalten (Gelbfieber-, Influenza-Impfstoff), geimpft werden.
>
> Im Fall eines angeborenen oder erworbenen Immundefekts sollte vor der Impfung mit einem Lebendimpfstoff der den Immundefekt behandelnde Arzt konsultiert werden. Die serologische Kontrolle des Impferfolgs ist bei Patienten mit Immundefizienz angezeigt.
>
> Nicht dringend indizierte Impfungen sollten während der Schwangerschaft nicht durchgeführt werden, dies gilt vor allem für Impfungen mit Lebendimpfstoffen gegen Gelbfieber, Masern, Mumps, Röteln, Varizellen.

Auszug aus: Empfehlungen der Ständigen Impfkommission (STIKO), Stand: Juli 2005

Jetzt sind Sie dran!

(Lösungen auf Seite 126)

1. Ergänzen Sie bitte den Lückentext:

Es gibt nur ganz wenige Fälle, bei denen Patienten **nicht** geimpft werden sollten:

- Frühestens ____________ Wochen nach einer akut behandlungsbedürftigen Erkrankung impfen.
- Ausnahme: ______________________________ Impfungen (das sind Impfungen nach Infektion, als therapeutische Maßnahme) müssen jederzeit durchgeführt werden. Beispiel: bei akuter Infektion mit Hepatitis B, Tetanus oder Tollwut wird ein ungeimpfter Patient sofort geimpft.
- Impfhindernisse können ______________________ gegen Bestandteile des Impfstoffs sein, z. B. Neomycin oder Streptomycin, selten auch Hühnereiweiß.

- Patienten, die nach Genuss von Hühnereiweiß mit anaphylaktischen Symptomen reagieren, sollten nicht mit Impfstoffen, die Hühnereiweiß enthalten, geimpft werden.
- Hühnereiweiß ist in folgenden Impfstoffen enthalten: ______________________________. Deswegen dürfen Patienten mit Allergie gegen Hühnereiweiß diese Impfstoffe nicht bekommen.
- Bei angeborenen oder erworbenen Immundefekten ist Vorsicht geboten bei der Gabe von ____________ impfstoffen (z. B. ______________________________ ______________________________).
- Bei Patienten mit einem »schlechten« Immunsystem ist die ____________________ Kontrolle des Impferfolgs (= Titer-Kontrolle) angezeigt.
- In der Schwangerschaft sollten nur ____________________ angezeigte Impfungen durchgeführt werden. Dies gilt besonders bei Impfung mit ____________ impfstoffen (z. B. ____________ ______________________________).

2. Praxisfall

Die 23-jährige, nicht schwangere Anna Müller leidet an Asthma bronchiale. Gestern wurde sie laut STIKO-Impfempfehlung gegen Pneumokokkenerkrankungen geimpft. Sie reagiert mit heftigem Fieber (39,8 °C) auf die Impfung. Außerdem leidet sie seit gestern unter erheblichen Kopf- und Gliederschmerzen. Sie meldet sich noch abends telefonisch in der Impfpraxis. Der Fachinformation ist zu entnehmen, dass Kopf- und Gliederschmerzen in den ersten 48 Stunden nach der Impfung auftreten können. Fieber wird dort nicht erwähnt. Was ist zu tun? (A: 1)

A Der impfende Arzt wird die Patientin untersuchen, um abzuklären, ob die Impfung die Ursache für die Beschwerden ist oder ob sich die Patientin zeitgleich zum Beispiel einen grippalen Infekt oder eine andere Erkrankung zugezogen haben könnte.

B Wenn diese Beschwerden über 3 Tage unverändert anhalten und nicht auf eine andere Ursache zurückzuführen sind, wird der Arzt diese Beschwerden dem Gesundheitsamt melden. (Näheres dazu siehe Kapitel 9.3)

C Unerwünschte Arzneimittelwirkungen im zeitlichen Zusammenhang mit einer Impfung müssen in Abhängigkeit von der Diagnose keine absolute Kontraindikation gegen eine nochmalige Impfung mit dem gleichen Impfstoff sein.

D Ankreuzen, wenn jede Antwort richtig ist.

2
A
B
C
D

3.6 Falsche Kontraindikationen

BEGRIFFE

Antipyretika: fiebersenkende Mittel

konnatales Varizellensyndrom: angeborenes Windpocken-Syndrom

Tipp: In diesem Absatz der STIKO werden sehr viele Krankheiten aufgeführt, bei denen geimpft werden darf. Schreiben Sie sich doch in Ihre Original-STIKO neben die Überschrift (Falsche Kontraindikationen): »impfen erlaubt!«.

Hierzu schreibt die STIKO:

Falsche Kontraindikationen
Häufig unterbleiben indizierte Impfungen, weil bestimmte Umstände irrtümlicherweise als Kontraindikation angesehen werden. Dazu gehören zum Beispiel:

- Banale Infekte, auch wenn sie mit subfebrilen Temperaturen (≤ 38,5° C) einhergehen.
- Ein möglicher Kontakt des Impflings zu Personen mit ansteckenden Krankheiten.
- Krampfanfälle in der Familie.
- Fieberkrämpfe in der Anamnese des Impflings (Da fieberhafte Impfreaktionen einen Krampfanfall provozieren können, ist zu erwägen, Kindern mit Krampfneigung Antipyretika zu verabreichen: z. B. bei Tot-Impfstoffen zum Zeitpunkt der Impfung und jeweils 4 und 8 Stunden nach der Impfung sowie bei der Masern-Mumps-Röteln-Impfung (MMR) zwischen dem 7. und 12. Tag im Falle einer Temperaturerhöhung.).
- Ekzem u. a. Dermatosen, lokalisierte Hautinfektionen.
- Behandlung mit Antibiotika oder mit niedrigen Dosen von Kortikosteroiden oder lokal angewendeten steroidhaltigen Präparaten.
- Schwangerschaft der Mutter des Impflings. Varizellen- *(Windpocken-)* Impfung nach Risikoabwägung: Derzeit ist das Risiko für ein konnatales Varizellensyndrom bei einer seronegativen Schwangeren *(hat keine schützenden Antikörper im Blut)* mit Kontakt zu ihrem ungeimpften und damit ansteckungsgefährdeten Kind höher, als das Risiko einer solchen Komplikation durch die Impfung und ggf. die Übertragung von Impfvarizellen durch ihr Kind.
- Angeborene oder erworbene Immundefekte bei Impfung mit Tot-Impfstoffen *(z. B. Hepatitis A, Hepatitis B, FSME, Grippe, Poliomyelitis/IPV, Pertussis (aP), Meningokokken, Tollwut).*
- Neugeborenenikterus *(Gelbsucht).*
- Frühgeburtlichkeit: Frühgeborene sollen unabhängig von ihrem Reifealter und aktuellen Gewicht entsprechend dem empfohlenen Impfalter geimpft werden.
- Chronische Krankheiten sowie nicht progrediente *(fortschreitende)* Krankheiten des *Zentralen Nervensystems* (ZNS), *z. B. ein Anfallsleiden.*

Indizierte Impfungen sollen auch bei Personen mit chronischen Krankheiten durchgeführt werden, da diese Personen durch schwere Verläufe und Komplikationen impfpräventabler Krankheiten besonders gefährdet sind. Personen mit chronischen Krankheiten sollen über den Nutzen der Impfung im Vergleich zum Risiko der Krankheit aufgeklärt werden. Es liegen keine gesicherten Erkenntnisse darüber vor, dass eventuell zeitgleich mit der Impfung auftretende Krankheitsschübe ursächlich durch eine Impfung bedingt sein können.

Auszug aus: Empfehlungen der Ständigen Impfkommission (STIKO), Stand: Juli 2005.
Kursive Hervorhebungen sind Ergänzungen der Autorin

Jetzt sind Sie dran!

(Lösungen auf Seite 126)

Praxisfall 1:

Heinz Schmidt, 45 Jahre alt, Diabetiker, erscheint heute beim Arzt, um sich gegen Influenza impfen zu lassen. Er ist stark beunruhigt, da in der Presse zurzeit immer wieder vor der nächsten Grippe-Pandemie (sich weit verbreitende, ganze Länder oder Landstriche erfassende Seuche; Epidemie großen Ausmaßes) gewarnt wird. Er fühlt sich ganz wohl, hat aber leichte Hals- und Ohrenschmerzen.
Die Messung seiner Körpertemperatur zeigt 37,5 °C an.
Kann er nach der STIKO-Empfehlung geimpft werden?

A Ja
B Nein

1
A
B

Praxisfall 2:

Theresa Fuchs wurde 4 Wochen zu früh geboren. Jetzt ist sie 10 Wochen alt und hat sich prächtig entwickelt.

1. Darf sie heute (wie alle anderen Kinder in dem Alter) gegen die üblichen Kinderkrankheiten geimpft werden?

A Ja
B Nein

2/1
A
B

2. Dürfte Theresa geimpft werden, wenn sie heute untergewichtig wäre? (A: 1)

A Nein, dann auf keinen Fall. Sie muss sich erst altersentsprechend entwickeln.
B Ja, sie sollte geimpft werden, da sie das entsprechende Alter für die erste Impfung hat.

2/2
A
B

3.7 Serologische Kontrollen

Fehlende Impfdokumentation
Serologische Kontrollen zur Überprüfung des Impfschutzes sind nur in Ausnahmefällen angezeigt (z. B. anti-HBs bei Risikopersonen, Röteln-Antikörper bei Frauen mit Kinderwunsch); zum Nachweis vorausgegangener Impfungen, z. B. unter dem Aspekt »unklarer Impfstatus«, sind serologische Kontrollen ungeeignet.

Auszug aus: Empfehlungen der Ständigen Impfkommission (STIKO), Stand: Juli 2005

Serologische Kontrollen helfen festzustellen, ob die durchgeführte Impfung erfolgreich war. Bei den meisten Impfungen weiß man, dass sie auf jeden Fall einen ausreichenden Schutz hinterlassen. Es müssen nur wenige Impfungen, zum Beispiel aufgrund der persönlichen Immunitätslage des Patienten, auf ihre Wirksamkeit hin überprüft werden.

Die STIKO nennt dazu im oberen Absatz: Serologische Kontrollen zur Überprüfung des Impfschutzes sind also **nur in Ausnahmefällen** angezeigt, z. B. **Anti-HbsAg** bei Risikopersonen und **Röteln-Antikörper** bei Frauen mit Kinderwunsch.

Hepatitis B Titer-Kontrolle

Anti-HbsAg = Antikörper gegen Hepatitis **B** surface (= Oberflächen) Antigen

Die Blutabnahme sollte ca. 1–2 Monate nach der dritten Impfung erfolgen.

Generell wird, gerade bei der Hepatitis B-Impfung, unterschieden zwischen **Low- und Non-Respondern** (to respond (engl.) = antworten, low = niedrig, non = nicht).

- **Low-Responder** sind also Patienten, die nur einen »kleinen« Titer (bei der Hepatitis-B-Impfung z. B. Werte unter 100 IE/l) aufgebaut haben.
- **Non-Responder** sind Patienten, die gar keinen (oder fast gar keinen) Titer aufgebaut haben, bei der Hepatitis-B-Impfung z. B. Werte zwischen 0 und ca. 2 IE/l.

Für die **Hepatitis-B-Impfung** gilt ein Anti-HBs-Wert von ≥ 100 IE/l als ausreichender Schutz. Bei Anti-HBs-Werten < 100 IE/l sollte umgehend eine erneute Impfung (1 Dosis) und erneute Kontrolle des Titers in 1–2 Monaten erfolgen.

Falls nötig, kann dieses so lange wiederholt werden, bis der gewünschte Schutz eingetreten ist (i. d. R. dreimalige Wiederholung nach Grundimmunisierung). Zu erwägen wäre in diesem Fall, Erwachsenen einen Impfstoff mit einer höheren Antigenmenge zu geben (zum Beispiel: HBVAXPRO® **40** Mikrogramm/ml). Dieser Impfstoff wurde für Dialyse-Patienten entwickelt. Auch sie brauchen einen größeren Reiz auf das Immunsystem, um die Bildung von genügend Antikörpern anzukurbeln. Leider ist dieser Impfstoff wesentlich teurer.

Serologische Vor- bzw. Nachtestungen zur Kontrolle des Hepatitis B-Impferfolgs sind bei der Regelimpfung (= Standardimpfung) im Kindes- und Jugendalter *nicht* erforderlich.

Vortestungen (Erwachsene) sind bei der Hepatitis B-Impfung in einigen Fällen ratsam. Zum einen ist der Impfstoff relativ teuer, zum anderen gibt es unbemerkt verlaufende HB-Erkrankungen, sodass der Patient schon einen Schutz hat, ohne es zu wissen. Damit wäre eine Impfung unnötig. (Siehe auch »stille Feiung«, Kapitel 1.5)

Laut STIKO, Tabelle 2, sollte bei folgenden Patienten der Hepatitis-B-Schutz *vor einer Impfung* durch eine serologische Kontrolle überprüft werden:

1. HB-gefährdete Personen im Gesundheitsdienst einschließlich Auszubildender bzw. Studenten sowie Reinigungspersonal; Personal in psychiatrischen Einrichtungen oder vergleichbaren Fürsorgeeinrichtungen für Zerebralgeschädigte oder Verhaltensgestörte; andere Personen, die durch Blutkontakte mit möglicherweise infizierten Personen gefährdet sind in Abhängigkeit von der Gefährdungsbeurteilung, z. B. betriebliche bzw. ehrenamtliche Ersthelfer, Mitarbeiter von Rettungsdiensten, Polizisten, Sozialarbeiter und Gefängnispersonal mit Kontakt zu Drogenabhängigen.
2. Patienten mit chronischer Nierenkrankheit, Dialysepatienten, Patienten mit häufiger Übertragung von Blut oder Blutbestandteilen (z. B. Hämophile), Patienten vor ausgedehnten chirurgischen Eingriffen (z. B. vor Operationen unter Verwendung der Herz-Lungen-Maschine. Entscheidend sind die Dringlichkeit des Eingriffes sowie der Wunsch des Patienten nach einem Impfschutz.).
3. Personen mit chronischer Leberkrankheit einschließlich chronischer Krankheiten mit Leberbeteiligung sowie HIV-Positive ohne HBV-Marker.
4. Durch Kontakt mit HbsAg-Trägern in der Familie oder Wohngemeinschaft gefährdete Personen, Sexualpartner von HbsAg-Trägern.
5. Patienten in psychiatrischen Einrichtungen oder Bewohner vergleichbarer Fürsorgeeinrichtungen für Zerebralgeschädigte oder Verhaltensgestörte sowie Personen in Behindertenwerkstätten.
6. Besondere Risikogruppen, wie z. B. homosexuell aktive Männer, Drogenabhängige, Prostituierte, länger einsitzende Strafgefangene.

Die *Kontrolle des Impferfolges* ist erforderlich für die Indikationen unter 1. bis 4. *sowie*

- bei Immundefizienz und
- nach Abschluss der Grundimmunisierung von Neugeborenen aufgrund einer Hepatitis B-Erkrankung der Mutter.

***Sinnvoll* könnte eine Nachtestung sein bei** anderen Personen mit möglicherweise erniedrigter Ansprechrate, z. B. bei über 40-Jährigen.

Röteln-Impfung und Röteln-Titer-Kontrolle

Laut STIKO sollen **seronegative Frauen mit Kinderwunsch** einmal mit dem Masern-Mumps-Röteln (MMR)-Impfstoff geimpft werden. Bei diesen Frauen ist ca. 1–2 Monate später eine anschließende Titer-Kontrolle angezeigt.

Um allerdings zu wissen, ob jemand »**seronegativ**« ist, muss erst einmal eine Blutabnahme zur Titer-Bestimmung erfolgen.

Seronegativ sind folgende Ergebnisse: < 1:8, nicht reaktiv **oder** 1:8 **oder** 1:16. Das bedeutet:

- Eine Impfung (mit einem MMR-Impfstoff) ist erforderlich.
- Ca. 1–2 Monate später sollte dann der Titer erneut überprüft werden.

FERNER SOLLTEN SICH LAUT STIKO-EMPFEHLUNG GEGEN MMR IMPFEN LASSEN:

Ungeimpfte bzw. empfängliche Personen in Einrichtungen der Pädiatrie, der Geburtshilfe und der Schwangerenbetreuung sowie in Gemeinschaftseinrichtungen für das Vorschulalter und in Kinderheimen. Für diese beruflich angezeigte Impfung übernimmt der Arbeitgeber die Kosten der Impfung und bei Frauen auch der (sich in 1–2 Monaten nach der Impfung anschließenden) **Röteln-Titer-Kontrolle.**

Ungeimpfte oder einmal geimpfte Kinder mit Kontakt zu Rötelnkranken sollten möglichst innerhalb von 3 Tagen nach Exposition (Kontakt mit der Krankheit) vorzugsweise mit dem MMR-Impfstoff geimpft werden. Für diese postexpositionelle Prophylaxe/Riegelungsimpfung bei Kontaktpersonen in Familie oder Gemeinschaft übernimmt wiederum die Krankenkasse die Kosten der Impfung. Eine anschließende **Titer-Kontrolle** wird hier von der STIKO **nicht** gefordert.

- Die Kosten sowohl der beiden Titer-Kontrollen, wie auch der Impfung übernimmt die Krankenkasse.

Seropositive Ergebnisse: 1:32 **oder** 1:64 **oder** 1:128 **oder** 1:256 oder höher.

- Je höher, umso mehr Antikörper hat die Patientin und
- umso besser ist sie gegen diese Erkrankung geschützt.
- Bei diesen Werten ist eine Impfung nicht nötig.
- Die Kosten der Titer-Kontrollen übernimmt die Krankenkasse.

Dokumentation des Titers im Impfausweis: Senden Sie mit der Blutprobe auch den Impfpass in das Labor ein oder tragen Sie selber das Ergebnis dort nach. Verwenden Sie dabei Ihren Arztstempel. Beachten Sie, dass der Arzt bei Ihren Übertragungsfehlern mit seiner Unterschrift haftet!

Jetzt sind Sie dran!

(Lösungen auf Seite 126)

1. Lisa Neidhard hat eine Ausbildungsstelle als Medizinische Fachangestellte bei einem Gynäkologen gefunden. Was sollte diese Praxis bezüglich ihrer Impfung vorsehen? Ergänzen Sie den Lückentext, dabei sind folgende Worte einzusetzen: Hepatitis B – MMR – ein bis zwei – Titer – Röteln – wiederholen – erneute.

- Überprüfung des Impfausweises, ob Lisa schon einmal gegen ______________________ geimpft wurde.
- **Wenn ja:** Blutentnahme zur ______________________ -Kontrolle; bei negativem Antikörper-Ergebnis: ______________________ MMR-Impfung. Lisa gehört dann zu der Gruppe von Patienten (3–7 %), die nach der ersten Impfung keinen ausreichenden Röteln-Titer aufgebaut haben.
  Nach der zweiten Impfung wird der Schutz aber mit ziemlicher Sicherheit da sein. Trotzdem: Ein bis zwei Monate später erneute Titer-Kontrolle veranlassen.
- **Wenn nein:** eine ________________ -Impfung verabreichen, ________________ Monate später: Titer-Kontrolle. Falls dann kein Schutz da ist: MMR-Impfung ______________________.
  1–2 Monate später erneute Titer-Kontrolle.
- Weitere Überprüfung des Impfausweises auf Impfungen gegen ______________________ (ggf. Serologie: Anti HbsAg-Kontrolle), Varicellen/Windpocken (besonders bei Personal in Gynäkologie und Geburtshilfe, ggf. Serologie) und Keuchhusten (besonders bei Schwangerenbetreuung, ggf. Auffrischung nach > 10 Jahren)

Notizen

4 Impfungen für Säuglinge, Kinder, Jugendliche und Erwachsene

4.1 Allgemeine Informationen

Der Impfkalender für Säuglinge, Kinder, Jugendliche und Erwachsene (Tabelle 1) umfasst Impfungen zum Schutz vor **Diphtherie (D/d), Pertussis (aP), Tetanus (T), Haemophilus influenzae Typ b (Hib), Hepatitis B (HB), Poliomyelitis (IPV), Masern, Mumps und Röteln (MMR) sowie gegen Varizellen und für Erwachsene zusätzlich gegen Influenza und Pneumokokken.**

Die Standardimpfungen des Impfkalenders (S) sind von hohem Wert für den Gesundheitsschutz des Einzelnen und der Allgemeinheit und deshalb für alle Angehörigen der jeweils genannten Alters- oder Bevölkerungsgruppen empfohlen. In Tabelle 1 sind den empfohlenen Impfungen die Impftermine zugeordnet. Abweichungen vom empfohlenen Impfalter sind möglich und unter Umständen notwendig. Die angegebenen Impftermine berücksichtigen die für den Aufbau eines Impfschutzes notwendigen Zeitabstände zwischen den Impfungen. Die Früherkennungsuntersuchungen für Säuglinge und Kinder, die Schuleingangsuntersuchung, Schuluntersuchungen, die Jugendgesundheitsuntersuchungen sowie die Untersuchungen nach dem Jugendarbeitsschutzgesetz sollen für die Impfprophylaxe genutzt werden. Die im Impfkalender empfohlenen Standardimpfungen sollten auch alle Personen mit chronischen Krankheiten erhalten, sofern keine spezifischen Kontraindikationen vorliegen.

Ein vollständiger Impfschutz ist nur dann gewährleistet, wenn die vom Hersteller angegebene Zahl von Einzeldosen verabreicht wurde (Packungsbeilage/Fachinformationen beachten).

Die Erfahrung zeigt, dass Impfungen, die später als empfohlen begonnen oder für längere Zeit unterbrochen wurden, häufig nicht zeitgerecht fortgesetzt werden. Bis zur Feststellung und Schließung von Impflücken, z.B. bei der Schuleingangsuntersuchung, verfügen unzureichend geimpfte Kinder nur über einen mangelhaften Impfschutz. Wegen der besonderen Gefährdung in der frühen Kindheit muss es daher das Ziel sein, unter Beachtung der Mindestabstände zwischen den Impfungen **möglichst frühzeitig** die empfohlenen Impfungen durchzuführen und spätestens bis zum Alter von 14 Monaten die Grundimmunisierungen zu vollenden. Noch vor dem Eintritt in eine Gemeinschaftseinrichtung, spätestens aber vor dem Schuleintritt, ist für einen vollständigen Impfschutz Sorge zu tragen. Spätestens bis zum vollendeten 18. Lebensjahr (d. h. bis zum Tag vor dem 18. Geburtstag) sind bei Jugendlichen versäumte Impfungen nachzuholen.

Unabhängig von den in Tabelle 1 genannten Terminen sollten, wann immer eine Arztkonsultation erfolgt, die Impfdokumentation überprüft und fehlende Impfungen nachgeholt werden.

Auszug aus: Empfehlungen der Ständigen Impfkommission (STIKO), Stand: Juli 2005

4.2 Impfkalender

Tabelle 1: Impfkalender (Standardimpfungen) für Säuglinge, Kinder, Jugendliche und Erwachsene. Empfohlenes Impfalter und Mindestabstände zwischen den Impfungen

Impfstoff/ Antigen-kombinationen	Alter in vollendeten Monaten						Alter in vollendeten Jahren			
	Geburt	2	3	4	11–14	15–23 siehe a)	5–6 siehe a)	9–17 siehe a)	ab 18	≥60
DTaP *		1.	2.	3.	4.					
Td [b)]							A	A	A***	
aP							A	A		
Hib *		1.	2. c)	3.	4.					
IPV *		1.	2. c)	3.	4.			A		
HB *	siehe d)	1.	2. c)	3.	4.			G		
MMR **					1.	2.				
Varizellen					1.			s. Tab. 2		
Influenza ****										S
Pneumokokken *****										S

Um die Zahl der Injektionen möglichst gering zu halten, sollten vorzugsweise Kombinationsimpfstoffe verwendet werden. Impfstoffe mit unterschiedlichen Antigenkombinationen von D/d, T, aP, HB, Hib, IPV sind bereits verfügbar. Bei Verwendung von Kombinationsimpfstoffen sind die Angaben des Herstellers zu den Impfabständen zu beachten.

A Auffrischimpfung: Diese sollte möglichst nicht früher als 5 Jahre nach der vorhergehenden letzten Dosis erfolgen.
G Grundimmunisierung aller noch nicht geimpften Jugendlichen bzw. Komplettierung eines unvollständigen Impfschutzes
S Standardimpfungen mit allgemeiner Anwendung = Regelimpfungen

a) Zu diesen Zeitpunkten soll der Impfstatus unbedingt überprüft und gegebenenfalls vervollständigt werden.
b) Ab einem Alter von 5 bzw. 6 Jahren wird zur Auffrischimpfung ein Impfstoff mit reduziertem Diphtherietoxoid-Gehalt (d) verwendet.
c) **Bei monovalenter Anwendung bzw. bei Kombinationsimpfstoffen ohne Pertussiskomponente kann diese Dosis entfallen.**
d) Siehe Anmerkungen »Postexpositionelle Hepatitis-B-Immunprophylaxe bei Neugeborenen« (S. 259)

* Abstände zwischen den Impfungen mindestens 4 Wochen; Abstand zwischen vorletzter und letzter Impfung mindestens 6 Monate
** Mindestabstand zwischen den Impfungen 4 Wochen
*** jeweils 10 Jahre nach der letzten vorangegangenen Dosis
**** jährlich mit dem von der WHO empfohlenen aktuellen Impfstoff
***** Impfung mit Polysaccharid-Impfstoff; Wiederimpfung im Abstand von 6 Jahren

Auszug aus: Empfehlungen der Ständigen Impfkommission (STIKO), Stand: ***Januar 2006***

Ob die Kosten von Impfungen von den Krankenkassen übernommen werden, erfahren Sie bei Ihrer KV.

WICHTIGE INFORMATION:

Damit es nicht zu Verwechselungen zwischen dem Kinder- und dem Erwachsenen-Impfstoff kommt, spricht man von **»DT«** oder **»Td«**, wenn man den Kombinationsimpfstoff gegen Tetanus und Diphtherie meint.

Die Tetanus-Toxoid-Menge ist in beiden Impfstoffen sehr ähnlich und wird mit dem großen »T« gekennzeichnet.

Das große »D« steht für einen höheren Diphtherietoxoid-Anteil.

Das kleine »d« steht für einen kleineren Diphtherietoxoid-Anteil.

Da das Immunsystem der Säuglinge und Kleinkinder noch nicht trainiert ist, brauchen sie bei der Diphtherie-Impfung eine höhere Menge Antigen (besser: Diphtherietoxoid). Man nennt diese Menge »D«. Erst mit dieser Menge können Kleinkinder genügend Antikörper bilden. Impfstoffe, die diese höhere Menge Diphtherietoxoid enthalten und auch gegen Tetanus schützen, tragen die Bezeichnung »DT«.

Erwachsene haben ein trainiertes Immunsystem, ihnen reicht eine kleinere Diphtherie-Antigen-Menge (»d«). Ab dem Alter von 5 bzw. 6 Jahren erhalten auch die Kinder den Impfstoff mit dem reduzierten Diphtherietoxoid-Gehalt. Da dieser meist in der Kombination mit Tetanus gegeben wird, tragen diese Impfstoffe die Bezeichnung »Td«.

Merke

Jedes Baby wird zuerst gegen folgende sechs Krankheiten geschützt: Diphtherie/D, Tetanus/T/Wundstarrkrampf, Pertussis/aP/Keuchhusten, Poliomyelitis/IPV/Kinderlähmung, Haemophilus influenzae Typ b/Hib, Hepatitis B/HB/Leberentzündung. Dafür kann der Kombinationsimpfstoff Infanrix hexa verwendet werden. (»Hexa« kommt aus der griechischen Sprache und heißt »sechs«.)

EMEA empfiehlt Ruhen der Zulassung für den Sechsfachimpfstoff Hexavac

Am 20. September 2005 hat die europäische Arzneimittelagentur EMEA in London das Ruhen der Zulassung für den Sechsfachimpfstoff *Hexavac* empfohlen. Es handelt sich um eine Vorsichtsmaßnahme auf Grund von aktuellen Studien, die Hinweise auf eine herabgesetzte Immunogenität der Hepatitis B-Komponente mit der möglichen Folge eines verminderten Langzeitschutzes gegen Hepatitis B ergeben haben. Der Kurzzeitschutz gegen Hepatitis B sowie die Wirksamkeit der anderen Komponenten des Impfstoffes (Diphtherie, Tetanus, Poliomyelitis (Kinderlähmung), Haemophilus influenzae Typ b, Pertussis (Keuchhusten) sind nicht beeinträchtigt. Dem Ruhen der Zulassung liegen keine Bedenken hinsichtlich der Sicherheit von Hexavac® zu Grunde.

Presseinformation des Paul-Ehrlich-Instituts, Bundesamt für Sera und Impfstoffe, vom 8. 10. 2005

Jetzt sind Sie dran!

(Lösungen auf Seite 126)

1. **Welchen Impfschutz sollten Erwachsene alle 10 Jahre auffrischen lassen?**

2. **Die Influenza- und Pneumokokken-Impfungen zählen zu den Standard- oder Regelimpfungen des Impfkalenders für Patienten ab dem 60. Geburtstag. Sie schützen nicht nur den Patienten sondern auch die Allgemeinheit.**

   Im Kalender haben sie den Buchstaben _________ erhalten.

3. **Frau Kröhn, 35 Jahre alt, leidet an Multipler Sklerose. Somit zählt sie zu den chronisch kranken Patienten. Chronisch kranke Patienten sollten zusätzlich die im Impfkalender (Tabelle 1) empfohlenen *Standardimpfungen* (S) erhalten, auch wenn sie das dafür angegebene Lebensalter noch nicht erreicht haben. Ausnahme: Es liegt gegen diese Impfung(en) eine spezifische Kontraindikation vor. Um welche Impfungen handelt es sich dabei?**

4. **Um einen vollständigen Impfschutz zu erhalten, ist es notwendig, die vom Hersteller empfohlene Zahl von Einzeldosen zu erhalten. Welchem »Zettel« können Sie diese Information entnehmen? (A: 1)**

A Der öffentlichen Impfempfehlung
B Der Impf-Empfehlung der STIKO
C Der Packungsbeilage bzw. der Fachinformation

5. **Torbens Mutter möchte von Ihnen wissen, wie alt ihr Sohn bei der ersten Impfung sein sollte. Antworten Sie bitte.**

6. **Wie viele Impfungen sollte er für eine Grund-Immunisierung erhalten?**

7. Wann sollte die zweite Impfung erfolgen?

____

8. Wann die dritte Impfung?

____

9. Wann wird die Grund-Immunisierung, wenn sie termingerecht abläuft, beendet?

____

10. Wie groß sollten die Abstände zwischen den ersten drei Impfungen der Grundimmunisierung mindestens sein, wenn die Impftermine mal nicht eingehalten werden können? (Schauen Sie sich die Bedeutung * an!)

____

11. Wie groß sollte dann der Abstand zwischen der vorletzten und der letzten Impfung mindestens sein (siehe *)?

____

12. Welche Impfung erfolgt zeitgleich mit dem Termin der letzten 6-fach-Impfung?

____

13. Muss die erste Masern-Mumps-Röteln-Impfung noch vervollständigt werden? Und wenn ja: wann?

____

14. Zum gleichen Zeitpunkt (um den ersten Geburtstag herum) impft man die Kinder aber auch noch gegen eine vierte Krankheit. Gegen welche, wann und wie oft?

____

Praktischer Hinweis:

Die Gabe von drei verschiedenen Impfstoffen an einem Tag (MMR, VZ und die vierte 6-fach-Impfung) ist praktisch schlecht umzusetzen, denn:

Impfungen sollten in den Oberarm (Musculus deltoideus) gespritzt werden. Solange dieser Muskel nicht ausreichend ausgebildet ist, wird empfohlen, in den Musculus vastus lateralis (anterolateraler Oberschenkel) zu injizieren. So bleibt für den dritten Impfstoff keine geeignete Körperstelle mehr übrig. Mehr als zwei Arme (oder zwei Beine) stehen nun mal nicht zur Verfügung.

Bis zur Einführung eines Kombinations-Impfstoffes (MMR + VZ) wäre es sicherlich besser, die erste VZ-Impfung am Termin der zweiten MMR-Impfung durchzuführen.

15. Der Schutz gegen MMR und VZ hält ein Leben lang, und braucht deshalb nicht weiter aufgefrischt werden. (Das hängt mit der erzeugten zellulären Immunität nach Lebendimpfstoffgabe zusammen.) Anders ist es bei Tetanus, Diphtherie und Keuchhusten. Wann wird bei Kindern der Impfschutz zum ersten Mal aufgefrischt?

---

16. Welche Impfungen müssen vor dem 18. Geburtstag noch aufgefrischt werden und wann?

---

17. Könnten Sie sich einen Grund denken, warum bei der Hepatitis B-Impfung eine Überprüfung der Grund-Immunisierung im 9. bis 17. Lebensjahres gefordert wird? (A: 1)

A Damit wirklich alle Kinder bzw. Jugendlichen einen Schutz gegen diese so wichtige Krankheit erhalten.
B Stellt man in diesem Alter fest, dass der Patient noch ungeimpft ist bzw. sein Impfschutz unvollständig ist, sollten die fehlenden Impfungen unverzüglich nachgeholt werden.
C Die HB-Impfung gilt als erste Impfung gegen eine Krebs-Erkrankung (Leberzell-Carcinom), die Spätfolge bei Erkrankung sein kann.
D Ankreuzen, wenn alle Aussagen richtig sind.

17
A
B
C
D

In Tabelle 2 der STIKO findet man Angaben über die **Varizellen-Impfung** im Alter von 9–17 Jahren. Dort stehen »Ungeimpfte 9- bis 17-jährige Jugendliche ohne VZ-Anamnese« als Standardimpfung aufgeführt, das heißt, sie sollten nach Angabe des Impfstoff-Herstellers geimpft werden:
1 Dosis bei Kindern vor dem vollendeten 13. Lebensjahr; 2 Dosen im Abstand von mindestens 6 Wochen bei Kindern ab 13 Jahren, Jugendlichen und Erwachsenen.

18. Im Impfausweis von Iris Wolf (17 Jahre) findet sich keine Varizellen-Impfung, im PC des Arztes kein Hinweis auf eine Varizellen-Erkrankung. Sollte Iris geimpft werden? Wenn ja, wie oft? (A: 1)

A Ja, mit einer Dosis Impfstoff.
B Ja, mit 2 Dosen Impfstoff im Abstand von mindestens 6 Wochen.
C Nein, da die STIKO für Iris keine Impfung vorsieht.

18
A
B
C

4.3 Hepatitis-B-Impfung gleich nach der Geburt

In der Tabelle 1 steht als einzige Impfung, die ab Geburt erfolgen kann, nur die Hepatitis-B-Impfung; allerdings trägt sie den Vermerk »siehe d)«.

Unter d) wird auf die Anmerkungen »**Postexpositionelle Hepatitis-B-Immunprophylaxe bei Neugeborenen**« in der STIKO verwiesen.

Dort ist zu lesen, dass entsprechend der Mutterschafts-Richtlinien bei allen Schwangeren nach der 32. Schwangerschaftswoche, möglichst nahe am Geburtstermin, das Serum auf HbsAg zu untersuchen ist. Das heißt, man will wissen, ob sich die Schwangere mit Hepatitis B angesteckt hat. Ist das Ergebnis positiv, dann ist bei dem Neugeborenen unmittelbar nach der Geburt, d. h. **innerhalb von 12 Stunden**, mit der Immunisierung gegen Hepatitis B zu beginnen. Dabei werden simultan (= gleichzeitig) die erste Dosis HB-Impfstoff (aktive Impfung) und HB-Immunglobulin (passive Immunisierung) verabreicht. Die begonnene HB-Grundimmunisierung wird einen Monat nach der ersten Impfung durch eine zweite und sechs Monate nach der ersten Impfung durch eine dritte Impfung vervollständigt.

Beachte:
Damit der Arzt gegebenenfalls später beweisen kann, dass das Kind innerhalb von 12 Stunden nach der Geburt aktiv und passiv geimpft wurde, ist es zwingend erforderlich, auch die **Uhrzeit der Impfung** im Ausweis mit **zu dokumentieren!**

Bei Neugeborenen inklusive Frühgeborenen von Müttern, deren HbsAg-Status nicht bekannt ist und bei denen noch vor bzw. sofort nach der Geburt die serologische Kontrolle (siehe auch Kapitel 3.7) nicht möglich ist, wird unabhängig vom Geburtsgewicht ebenfalls unmittelbar nach der Geburt die Grundimmunisierung mit HB-Impfstoff begonnen. Bei nachträglicher Feststellung einer HbsAg-Positivität der Mutter kann beim Neugeborenen innerhalb von 7 Tagen postnatal (= nach der Geburt) die passive Immunisierung nachgeholt werden.

Nach Abschluss der Grundimmunisierung von Neugeborenen ist eine serologische Kontrolle erforderlich (s. a. Epidemiologisches Bulletin 10/2000 und 8/2001).

Notizen

5 Impfabstände

5.1 Allgemeines zu Impfabständen

Was im Körper eines Menschen bei einer aktiven Impfung passiert, ist in Kapitel 1.8 erklärt. Für eine Grund-Immunisierung werden meist mehrere Impfungen gebraucht: Bei Erwachsenen für Tetanus und Diphtherie zum Beispiel drei, bei kleinen Kindern vier (wenn der verwendete Impfstoff auch Keuchhusten-Antigene enthält; siehe Kapitel 4). Eine Grund-Immunisierung wird in der Regel **nur einmal** im Leben benötigt. **Nach** der **Grund-Immunisierung** soll alle 10 Jahre die Impfung (gegen Tetanus und Diphtherie) immer wieder **aufgefrischt** werden. Der Arzt nennt das auch oft **boostern/Boosterung.**

Die genauen Abstände entnimmt man der Fachinformation des Impfstoffs, siehe auch Kapitel 7.8:

1. Impfung: z. B. heute
2. Impfung: in 4–8 Wochen
3. Impfung: in 6–12 Monaten

Werden diese Impfabstände eingehalten, hat der Patient den schnellstmöglichen Schutz. Lässt man zwischen den Impfungen mehr Zeit verstreichen, ist der Patient über einen längeren Zeitraum nicht optimal geschützt. Das ist sicher nicht im Sinne des Patienten.

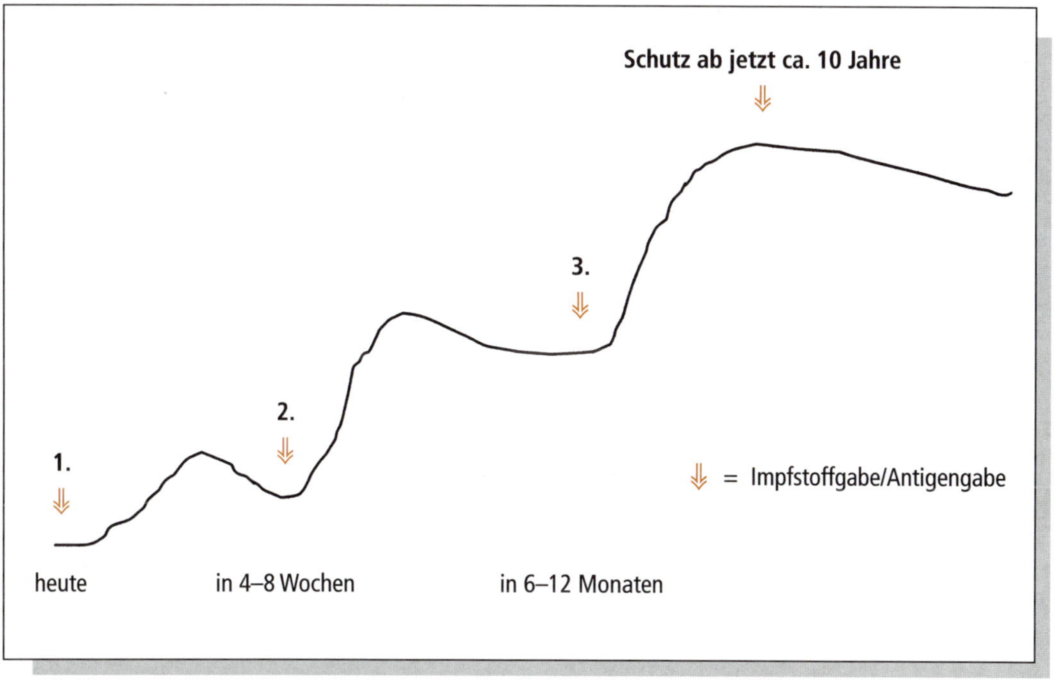

Steigerung des Antikörperspiegels durch erneute Antigenzufuhr (Grund-Immunisierung)

Und das sagt die STIKO zum Thema »Impfabstände«:

Die sich aus den Tabellen 1 und 2 und den entsprechenden Fachinformationen ergebenden Impfabstände sollten in der Regel eingehalten und weder unter- noch überschritten werden.

Bei dringenden Indikationsimpfungen wie beispielsweise der postexpositionellen Tollwutprophylaxe oder der postnatalen Immunprophylaxe der Hepatitis B des Neugeborenen ist das empfohlene Impfschema strikt einzuhalten. Mindestabstände sollten nur im dringenden Ausnahmefall (z. B. kurzfristige Auslandsreise) unterschritten werden.

Für einen lang dauernden Impfschutz ist es von besonderer Bedeutung, dass bei der Grundimmunisierung der empfohlene Mindestzeitraum zwischen vorletzter und letzter Impfung nicht unterschritten wird.

Andererseits gilt für die Mehrzahl der Impfschemata, **dass es keine unzulässig großen Abstände zwischen den Impfungen gibt.** Jede Impfung zählt! Auch eine für viele Jahre unterbrochene Grundimmunisierung oder nicht zeitgerecht durchgeführte Auffrischimpfung, z. B. gegen Diphtherie, Tetanus, Poliomyelitis, Hepatitis B muss nicht neu begonnen werden, sondern wird mit den fehlenden Impfstoffdosen komplettiert.

Dies gilt im Ausnahmefall auch im Säuglings- und Kleinkindalter. Im Interesse eines frühestmöglichen Impfschutzes sollten Überschreitungen der empfohlenen Impfabstände beim jungen Kind jedoch vermieden werden.

Auszug aus: Empfehlungen der Ständigen Impfkommission (STIKO), Stand: Juli 2005

Merke

Viel zu oft werden Grundimmunisierungen immer wieder neu begonnen, nur weil der Patient zu den einzelnen Terminen zu spät kam.

Aber: Jede Impfung zählt! Auch eine für viele Jahre unterbrochene Grundimmunisierung muss nicht neu begonnen werden, sondern wird ergänzt bzw. beendet.

Jetzt sind Sie dran!

(Lösungen auf Seite 126)

1. Tobias Schneider will die anstehenden Semesterferien für einen kurzfristigen Urlaubstrip nach Schweden nutzen. Er fährt in ein FSME-Risikogebiet. Seine Reise beginnt in $3\frac{1}{2}$ Wochen. Wie sollte er geimpft werden? (A: 1)

A Drei Mal nach dem Schnell-Impfschutz-Schema: Heute, nach 7 Tagen und nach 21 Tagen. Nach Rückkehr muss er allerdings nach 12–18 Monaten seinen Impfschutz noch einmal auffrischen lassen.
B Nach dem Normalschema »für Vorausplanende«: 1. Impfung am Tag 0, 2. Impfung nach 1–3 Monaten, 3. Impfung 9–12 Monate nach der 2. Impfung.

2. Jens Meier hat schon 2 FSME-Impfungen erhalten. Die letzte bekam er vor $8\frac{1}{2}$ Monaten. Morgen will er für 2 Wochen seine Großeltern in Flensburg besuchen. Wann muss er die letzte Zeckenimpfung bekommen? (A: 2)

A Heute, man weiß ja nie, ob der Patient noch einmal wiederkommt.
B Heute, lieber zu früh, als gar nicht.
C Heute, das ist genau der richtige Zeitpunkt.
D Er soll sich in 1 Woche in Flensburg impfen lassen.
E Nach dem Urlaub, dann ist genau der richtige Zeitpunkt.
F Nach dem Urlaub, dann hält der Schutz länger.

3. Franz Bader hat seine Diphtherie-Grundimmunisierung im Sommer 1989 begonnen. Die zweite Impfung erfolgte ein halbes Jahr später. Dann geriet die Impfung bei ihm in Vergessenheit. Heute kontrollieren Sie seinen Impfausweis und stellen fest, dass die dritte Impfung immer noch fehlt. Was tun Sie?

---

4. Svenja Junge, 25 Jahre alt, hat in ihrem Impfausweis, der auch die Impfdaten ihrer Kindheit enthält, nur eine Diphtherie-Impfung stehen. Was tun Sie? (A: 1)

A Gar nichts. Die Patientin ist ausreichend geschützt.
B Frau Junge erhält heute eine ganz neue Grundimmunisierung: Heute die erste Impfung, in vier bis acht Wochen die zweite Impfung und in sechs bis zwölf Monaten die dritte Impfung.
C Frau Junge erhält heute die zweite Impfung und in sechs bis zwölf Monaten die dritte Impfung.

Merke

Eine Grundimmunisierung braucht man nur einmal im Leben. Sie steht nur im Idealfall mit den Daten, die oben genannt wurden, im Ausweis des Patienten. Meistens ist zwischen den Impfungen viel mehr Zeit verstrichen. Aber das macht ja nichts: lieber mehr Zeit als zu kurze Impfabstände, zumindest, was den langfristigen Schutz angeht.

Für Abstände zwischen unterschiedlichen Impfungen gilt:

- **Lebendimpfstoffe** (z. B. der Masern-Mumps-Röteln-Impfstoff oder der Windpocken-Impfstoff) können gleichzeitig verabreicht werden oder mit einem Mindestabstand von 4 Wochen zueinander.
- Bei Schutzimpfungen mit **Tot-Impfstoffen** ist die Einhaltung von Mindestabständen zu anderen Impfungen, auch zu solchen mit Lebendimpfstoffen, nicht erforderlich. Tot-Impfstoffe sind z. B. Impfstoffe gegen Tetanus, Diphtherie, Polio, Hepatitis B und FSME. Impfreaktionen vorausgegangener Impfungen sollten vor erneuter Impfung vollständig abgeklungen sein.

Wichtig:
Für den Körper des Patienten ist es leichter, nach Gabe eines Kombinations-Impfstoffes einen Impfschutz aufzubauen, als wenn er die einzelnen Bestandteile des Kombinations-Impfstoffes in einzelnen Gaben und an aufeinander folgenden Tagen verabreicht bekäme. Grund: Der Körper erkennt die injizierten Antigene als körperfremd und beginnt mit der Abwehr, sprich der Antikörper-Produktion. Kommt ein bis zwei Tage später durch erneute Impfung ein anderes Antigen dazu, muss der Körper »umschalten« auf Abwehr von zwei Erregern. Würde man das exemplarisch noch einige Male so weiterführen, irritiert man den Körper leicht. Folge: eine (oder mehrere) Antikörper-Produktionen würden vernachlässigt. Dies wäre anders, wenn sich der Körper gleich mit zum Beispiel sechs Erregern auseinandersetzen müsste.

Merke

Verschiedene **Lebendimpfstoffe** können zusammen gegeben werden oder im Abstand von 4 Wochen.

Tot-Impfstoffe können jederzeit gegeben werden.

Jetzt sind Sie dran!

(Lösungen auf Seite 126)

**5. Der Arzt möchte den einjährigen Kristof heute gegen Masern, Mumps und Röteln (MMR), sowie gegen Windpocken/Varizellen (VZ) impfen.
Leider ist in seinem Kühlschrank kein VZ-Impfstoff mehr. Was ist zu tun? (A: 2)**

A Kristof erhält heute die MMR-Impfung und in 4 Wochen die VZ-Impfung.
B Kristof erhält heute die MMR-Impfung. Die Praxis besorgt sich den VZ-Impfstoff und impft Kristof morgen gegen Windpocken.
C Die Praxis besorgt sich den VZ-Impfstoff und impft Kristof morgen gegen MMR und VZ gleichzeitig.

	5
A	
B	
C	

6. Hilde Schmidt, 43 Jahre alt, will in den Sommerferien nach Ägypten fliegen. Im Reisebüro sagte man ihr, sie solle ihren Polio-Impfschutz auffrischen lassen. Gleichzeitig stellen Sie bei Durchsicht des Impfausweises fest, dass auch Tetanus und Diphtherie aufgefrischt werden müssen. Was veranlassen Sie? (A: 1)

A Heute die Polio-Impfung, morgen eine Tetanus-Impfung und übermorgen die Diphtherie-Impfung.
B Heute die Polio-Impfung, in vier Wochen eine Tetanus-Impfung und in acht Wochen die Diphtherie-Impfung.
C Heute die Polio-Tetanus-Diphtherie-Impfung mit einem Kombinationsimpfstoff zur Auffrischung (z. B. Revaxis® oder Td-Virelon®).

5.2 Polio-Impfabstände

BEGRIFFE

inaktiviert: untätig, passives Verhalten, tot

Polio: Kinderlähmung

Vakzine: Impfstoff

IPV: inaktivierte Polio Vakzine (Tot-Impfstoff, Spritz-Impfstoff nach SALK)

OPV: orale Polio Vakzine (Lebend-Impfstoff, Schluck-Impfstoff nach SABIN, wird seit Januar 1998 nicht mehr angewandt)

Boosterung/boostern: auffrischen

Als Resultat einer jahrzehntelangen Impfkampagne gilt die Kinderlähmung in Europa seit Juni 2002 als ausgerottet. Nach Amerika und Australien hat die WHO den europäischen Kontinent zur dritten poliofreien Region erklärt. Begründet wurde diese Entscheidung damit, dass seit drei Jahren in keinem der 51 europäischen Staaten Fälle von Kinderlähmung aufgetreten seien.

Die Polio-Impfung ist deshalb aber noch nicht überflüssig! Sie gehört nach wie vor zu den **Standard-Impfungen**, also zu den ganz wichtigen Impfungen. Das bedeutet, dass **jeder** Mensch eine **abgeschlossene Grundimmunisierung** besitzen sollte. Im Kindesalter wird nach der Grundimmunisierung die Impfung im Alter von 9–17 Jahren noch einmal aufgefrischt. Derzeit empfiehlt die STIKO eine **routinemäßige Auffrischimpfung nach dem 18. Lebensjahr nicht** mehr (siehe links, Absatz 1).

Reist ein Patient aber in eine Region mit Polioinfektionsrisiko (z. B. alle Länder Afrikas, des Nahen und Mittleren Ostens und Südostasien), so sollte er seinen Impfschutz aktualisieren lassen, wenn seine letzte Impfung länger als 10 Jahre zurück liegt. Dann muss gegebenenfalls auch seine Grundimmunisierung vervollständigt werden.

Das gilt bei der Einreise aus Gebieten mit Polio-Risiko auch für Aussiedler, Flüchtlinge und Asylbewerber, die in Gemeinschaftsunterkünften leben (siehe auch Kapitel 11).

Die **Impfung** gegen die Kinderlähmung erfolgt **mit einem intramuskulär zu injizierendem IPV-Impfstoff.** IPV heißt: inaktivierte Polio Vakzine. Es ist also ein »toter« Polio-Impfstoff. Ihn gibt es genauso lange wie den OPV-Impfstoff. OPV bedeutet: orale Polio Vakzine. Hierbei handelt es sich um einen Lebend-Impfstoff, der oral eingenommen (geschluckt) wurde. Zur Grundimmunisierung waren drei Impfungen erforderlich.

Wegen seiner unangenehmeren Verabreichungsform führte der IPV-Impfstoff immer ein Schattendasein. Im Januar 1998 wurde der Schluckimpfstoff (OPV) wegen seiner möglichen Nebenwirkungen abgeschafft (siehe auch Kapitel 7.5).

Für den Impferfolg war es egal, ob ein Patient mit dem OPV- oder mit dem IPV-Impfstoff grundimmunisiert wurde. Auch eine Kombination von OPV und späteren IPV-Impfungen ist möglich. Fehlende Impfungen der Grundimmunisierung werden heute mit dem IPV-Impfstoff vervollständigt.

Will man einen Patienten nur gegen diese Krankheit schützen, so gibt es dafür zwei Einzel-Impfstoffe:

1. IPV-Mérieux® (Fa. Sanofi Pasteur MSD)
2. IPV-Virelon® (Fa. Chiron Vaccines)

Es gelten unterschiedliche Impfabstände für die Grundimmunisierung, die man der Fachinformation des Präparates entnimmt (siehe auch Kapitel 7.8):

IPV-Mérieux®: 3 Impfungen: heute – frühestens 4 Wochen später – frühestens 4 Wochen nach der 2. Impfung

IPV-Virelon®: 2 Impfungen: heute – in 8 Wochen, *besser:* in 6 Monaten

Beide Impfstoffe können ab Beginn des dritten Lebensmonats gegeben werden.

Beachte:

1. Impfabstände haben Einfluss auf die Dauer der Wirksamkeit. Je kürzer die Abstände zwischen den einzelnen Impfungen, desto eher ist eine Auffrisch-Impfung erforderlich.
2. Sieht man sich die in der Fachinformation für IPV-Mérieux® angegebenen Impfabstände an, so bedeutet dies, dass anders als bei größeren Abständen schon eher wieder geimpft werden muss. Die Rede ist bei Abständen von zweimal 4 Wochen **von einer Boosterung nach 3 Jahren.***
3. Selbstverständlich kann man auch die Impfabstände für die Polio-Impfung bei der Impfung mit **IPV-Mérieux®** aus der Tabelle 1 der STIKO entnehmen. Das würde bedeuten, dass die 1. Impfung heute gegeben werden könnte, die zweite in 8 Wochen und die dritte 7 bis 10 Monate nach der zweiten Impfung. Zu entnehmen ist diese Information der Fachinformation, Punkt 4.2: Dosierung/Grundimmunisierung: Die Grundimmunisierung besteht aus drei Dosen zu je 0,5 ml, die ab dem vollendeten 2. Lebensmonat entsprechend den aktuellen STIKO-Empfehlungen verabreicht werden.

Kleinkinder erhalten in der Regel 4 Impfungen, wenn sie mit einem Kombinationsimpfstoff geimpft werden, der außer gegen Poliomyelitis unter anderem auch gegen Keuchhusten (Pertussis) schützt (siehe Kapitel 4).

* direkte Mitteilung der Firma Sanofi Pasteur MSD GmbH

Fachinformation

CHIRON | VACCINES
BEHRING

IPV-Virelon®

1. Bezeichnung des Arzneimittels

IPV-Virelon®
Inaktivierter Poliomyelitis-Impfstoff, trivalent

2. Verschreibungsstatus/ Apothekenpflicht

Verschreibungspflichtig

3. Zusammensetzung des Arzneimittels

3.1 Stoff- oder Indikationsgruppe

Impfstoffe (inaktiviert)

3.2 Bestandteile nach der Art und arzneilich wirksame Bestandteile nach Art und Menge

1 Impfdosis (1 ml Suspension) enthält:

– arzneilich wirksame Bestandteile

Inaktivierte Poliomyelitis-Viren

Typ I (Mahoney)	40 D-Antigeneinheiten
Typ II (MEF 1)	8 D-Antigeneinheiten
Typ III (Saukett)	32 D-Antigeneinheiten

Wirtssystem: Affennieren-Zellkulturen

– andere Bestandteile

Formaldehyd max. 0,025 mg, 2-Phenoxyethanol (als Konservierungsmittel) 5 mg
In Spuren: Phenolrot, Polysorbat 80, Neomycin, Streptomycin und Polymyxin B
Wasser für Injektionszwecke

4. Anwendungsgebiete

Aktive Immunisierung gegen Poliomyelitis ab Beginn des 3. Lebensmonates.

Personen mit angeborener, erworbener oder therapiebedingter Immundefizienz sollten mit IPV-Virelon geimpft werden, bevor sie Kontakt mit Menschen haben, die mit Poliomyelitis-Lebend-Impfstoff geimpft werden.

5. Gegenanzeigen

Personen mit akuten behandlungsbedürftigen Erkrankungen sollten frühestens 2 Wochen nach Genesung geimpft werden.

IPV-Virelon ist kontraindiziert bei bekannten, schweren allergischen Reaktionen auf Bestandteile des Impfstoffes. Dieses gilt insbesondere für Nebenreaktionen, die sich nicht auf die Impfstelle beschränken.

Eine mit Komplikationen verlaufende Impfung ist bis zur Klärung der Ursache eine Kontraindikation gegen eine nochmalige Impfung mit dem gleichen Impfstoff.

Schwangerschaft und Stillzeit:

Schwangerschaft und Stillzeit sind keine Kontraindikationen zur Impfung mit IPV-Virelon.

6. Nebenwirkungen

Lokale Reaktionen wie Rötung und Schwellung treten nur sehr selten auf; selten werden leichtes Fieber und Kopfschmerzen beobachtet. Über schwere Allgemeinreaktionen wurde bisher noch nicht berichtet. In äußerst seltenen Fällen sind allergische Reaktionen beobachtet worden, die jedoch nur ausnahmsweise eine Behandlung erfordern.

Statistisch ist kein Hinweis auf eine Häufung von Erstmanifestationen oder Schubauslösungen von Autoimmunerkrankungen nach Impfungen zu erkennen. Trotzdem kann im individuellen Fall nicht mit absoluter Sicherheit ausgeschlossen werden, daß eine Impfung als unspezifischer Trigger einen Schub bei entsprechender Prädisposition auslösen kann. Nach heutigem Kenntnisstand sind Impfungen nicht die Ursache von Autoimmunerkrankungen.

7. Wechselwirkungen mit anderen Mitteln

Während einer immunsuppressiven Therapie kann der Impferfolg eingeschränkt oder in Frage gestellt sein.

Zeitabstände zu anderen Impfungen

Zeitabstände zu anderen Impfungen sind nicht erforderlich.

8. Warnhinweise

entfallen

9. Wichtigste Inkompatibilitäten

Nicht mit anderen Impfstoffen in einer Spritze mischen.

10. Dosierung mit Einzel- und Tagesgaben

Alle Personengruppen (ab Beginn des 3. Lebensmonates) erhalten die gleiche Dosis.

Grundimmunisierung

Insgesamt 2 Impfungen mit jeweils 1 ml im Abstand von 8 Wochen.

Die Schutzwirkung der Impfung kann noch verbessert werden, wenn die 2. Impfung 6 Monate nach der 1. Impfung erfolgt.

Auffrischimpfungen

Langzeiterfahrungen hinsichtlich der Dauer des Impfschutzes liegen mit IPV-Virelon nicht vor. Nach heutigem Kenntnisstand empfiehlt sich, insbesondere für Personen mit Expositionsgefahr, eine Auffrischimpfung (1 ml IPV-Virelon) im Abstand von 10 Jahren nach abgeschlossener Grundimmunisierung. Gemäß STIKO-Beschluß vom 21.01.1998 wird ab Beginn des 11. Lebensjahres für Jugendliche (bis zum vollendeten 18. Lebensjahr) eine Wiederimpfung empfohlen. Ebenso erhalten Personen mit beruflicher Exposition, mit engem Kontakt zu Poliokranken, Reisende in Endemiegebiete sowie Aussiedler, Flüchtlinge oder Asylbewerber aus Endemiegebieten eine Wiederimpfung, wenn ihre Grundimmunisierung bzw. letzte Wiederimpfung länger als 10 Jahre zurückliegt.

Auch nach vorheriger Grundimmunisierung mit oralem Polioimpfstoff können Auffrischimpfungen mit IPV-Virelon durchgeführt werden.

11. Art und Dauer der Anwendung

Zeitpunkt der Impfung

IPV-Virelon kann gleichzeitig (an verschiedenen Körperstellen) mit allen Routineimpfungen appliziert werden.

Die Impfung kann zu jeder Jahreszeit durchgeführt werden.

Durchführung der Impfung

Der Impfstoff wird intramuskulär oder subkutan verabreicht.

Der Impfstoff darf nicht intravasal injiziert werden (siehe Kapitel 12)!

12. Notfallmaßnahmen, Symptome und Gegenmittel

Bei unbeabsichtigter intravasaler Applikation können Reaktionen bis zum Schock auftreten. Geeignete Sofortmaßnahmen zur Schockbekämpfung sind zu ergreifen.

13. Pharmakologische und toxikologische Eigenschaften, Pharmakokinetik und Bioverfügbarkeit, soweit diese Angaben für die therapeutische Verwendung erforderlich sind

Pharmakologische Eigenschaften

IPV-Virelon ist eine wäßrige Suspension.

Die durch den Indikator Phenolrot bedingte Farbe variiert von orange bis rot. Gelbe oder violette Suspensionen sollten nicht angewendet werden.

IPV-Virelon enthält inaktivierte Poliomyelitis-Viren vom Typ I (Mahoney), Typ II (MEF 1) und Typ III (Saukett). Die Viren werden in Affennieren-Zellkulturen vermehrt und durch Formaldehyd inaktiviert.

IPV-Virelon enthält als Konservierungsmittel 2-Phenoxyethanol.

Pharmakokinetik

Nach vollständiger Grundimmunisierung (2 Impfdosen) mit IPV-Virelon werden schützende Antikörpertiter gegen alle drei Poliovirus-Typen bei 90–100 % der Geimpften erreicht.

14. Sonstige Hinweise

Die orale Poliovakzine (OPV) wird nur noch zur etwaigen Abriegelung von Polio-Ausbrüchen nach Anordnung durch die Gesundheitsbehörden empfohlen; hierfür ist er der Impfstoff der Wahl. Ungeimpfte Erwachsene (ab vollendetem 18. Lebensjahr) sollten mit IPV gegen Poliomyelitis geimpft werden. Eine unvollständige Grundimmunisierung sollte vervollständigt werden. Bei unvollständiger Grundimmunisierung werden — unabhängig von der Art des zuvor verwendeten Polio-Impfstoffs — die ausstehenden Impfungen mit IPV nachgeholt und auf insgesamt 3 dokumentierte Impfungen ergänzt. Dabei ist ein Mindestabstand von 4, besser 8 Wochen, zwischen den einzelnen Impfungen einzuhalten. Größere Impfabstände sind zulässig. Jede Impfung gilt. Auch eine für viele Jahre unterbrochene Grundimmunisierung muß — unabhängig von der Art des zuvor verwendeten Impfstoffs — nicht neu begonnen werden.

Eine routinemäßige Wiederimpfung gegen Poliomyelitis wird ab vollendetem 18. Lebensjahr gemäß STIKO nicht empfohlen.

Zur Prophylaxe nach Exposition sollten alle exponierten und nicht durch Impfung geschützten Personen so früh wie möglich eine Schutzimpfung mit inaktivierter Poliomyelitisvakzine (IPV) erhalten.

November 2003

2848-v955 -- IPV-Virelon -- *

1

Als Beispiel die Vorderseite einer Fachinformation der Fa. Chiron Behring

Jetzt sind Sie dran!

(Lösungen auf Seite 126)

1. Herr Schmitt fragt, ob er sich gegen Kinderlähmung impfen lassen muss. Das wäre ja »nur« eine Kinderkrankheit. Stimmt das?

A Ja
B Nein

2. Herr Schmitt ist 36 Jahre alt. Laut Impfpass ist er in seiner Jugend gegen diese Krankheit (mit dem Schluck-Impfstoff) grundimmunisiert worden. 10 Jahre später erfolgte eine Boosterung. Diese Impfung liegt jetzt allerdings schon 12 Jahre zurück. Braucht Herr Schmitt heute diese Impfung?

A ja
B Nein, eine routinemäßige Auffrischimpfung wird nach dem 18. Lebensjahr von der STIKO nicht mehr empfohlen.

3. Frau Berger (35 Jahre alt) bringt heute den Impfpass zur Überprüfung ihres Polio-Schutzes mit. Laut Pass erhielt sie als kleines Mädchen 2 Schluckimpfungen mit OPV im Abstand von 8 Wochen. Ist sie ausreichend geschützt?

A Ja
B Nein

4. Kann man eine mit dem »Schluck-Impfstoff« begonnene Grund-Immunisierung mit dem IPV-Impfstoff vervollständigen?

A Ja
B Nein

5. Braucht Frau Berger heute eine Impfung?

A Ja
B Nein

6. Begründen Sie Ihre Entscheidung!

---

7. Wie lange ist sie jetzt geschützt?

---

8. Herr Rose möchte nach Kenia fliegen. Er besitzt eine abgeschlossene Grund-Immunisierung gegen Polio. Seine letzte Boosterung liegt 11 Jahre zurück. Braucht Herr Rose heute eine Impfung?

A Ja
B Nein

8	
A	
B	

9. Herr Basner ist beruflich viel im Ausland – auch im indischen Subkontinent – unterwegs. Er besitzt eine abgeschlossene Grund-Immunisierung gegen Polio. Seine letzte Boosterung liegt 11 Jahre zurück. Braucht Herr Basner heute eine Impfung?

A Ja
B Nein

9	
A	
B	

5.3 Tetanus-Immunprophylaxe im Verletzungsfall

Für dieses Kapitel ist es wichtig, den Unterschied zwischen »aktiver Impfung« und »passiver Immunisierung« zu kennen. Bei einer passiven Immunisierung erhält der Patient fertige Antikörper (TIG = Tetanus-Immunglobulin), die ihn sofort schützen. Da diese Schutzdauer zeitlich begrenzt ist, wird der Patient zeitgleich auch noch aktiv geimpft. Hierbei erhält der Patient Antigene (besser: Tetanustoxoid) und bildet darauf selber Antikörper (siehe Kapitel 1.8.4 und 1.8.5).

Beachte:
Nach einer Immunglobulin-Gabe (z. B. Tetagam N®, Beriglobin®) sollte der Patient für mindestens drei Monate nicht mit Lebendimpfstoffen (z. B. gegen Masern, Mumps, Röteln und/oder gegen Windpocken) geimpft werden, da die gespritzten Antikörper im Tetagam N/Beriglobin die notwendige Virusvermehrung behindern und damit der Impferfolg in Frage gestellt wird. Beachten Sie deshalb grundsätzlich die Fachinformationen (»erweiteter Beipackzettel«) der Präparate, die Sie von den Herstellern erhalten können!

Tabelle 4: Tetanus-Immunprophylaxe im Verletzungsfall

Vorgeschichte der Tetanus-Immunisierung (Anzahl der Impfungen)	Saubere, geringfügige Wunden		Alle anderen Wunden [1]	
	Td [2]	TIG [3]	Td [2]	TIG [3]
Unbekannt	Ja	Nein	Ja	Ja
0 bis 1	Ja	Nein	Ja	Ja
2	Ja	Nein	Ja	Nein [4]
3 oder mehr	Nein [5]	Nein	Nein [6]	Nein

1. Tiefe und/oder verschmutzte (mit Staub, Erde, Speichel, Stuhl kontaminierte) Wunden, Verletzungen mit Gewebszertrümmerung und reduzierter Sauerstoffversorgung oder Eindringen von Fremdkörpern (z. B. Quetsch-, Riss-, Biss-, Stich-, Schusswunden)
   - schwere Verbrennungen und Erfrierungen
   - Gewebsnekrosen
   - septische Aborte
2. Kinder unter 6 Jahren T, ältere Personen Td (d. h. Tetanus-Diphtherie-Impfstoff mit verringertem Diphtherietoxoid-Gehalt)
3. TIG = Tetanus-Immunglobulin, im Allgemeinen werden 250 IE verabreicht, die Dosis kann auf 500 IE erhöht werden; TIG wird simultan mit Td/T-Impfstoff angewendet.
4. Ja, wenn die Verletzung länger als 24 Stunden zurückliegt.
5. Ja (*1 Dosis*), wenn seit der letzten Impfung mehr als 10 Jahre vergangen sind.
6. Ja (*1 Dosis*), wenn seit der letzten Impfung mehr als 5 Jahre vergangen sind.

Die Tetanus-Immunprophylaxe ist unverzüglich durchzuführen. Fehlende Impfungen der Grundimmunisierung sind entsprechend den für die Grundimmunisierung gegebenen Empfehlungen nachzuholen.

Die STIKO-Empfehlungen zur Tetanus-Immunprophylaxe im Verletzungsfall wurden den Empfehlungen des Wissenschaftlichen Beirates der Bundesärztekammer angeglichen.

Auszug aus: Empfehlungen der Ständigen Impfkommission (STIKO), Stand: Juli 2005

Jetzt sind Sie dran!

(Lösungen auf Seite 126)

1. Harry Schnell ist eben mit dem Fahrrad gestürzt und hat sich große Schürfwunden an beiden Händen und am linken Knie zugezogen. Er ist bereits ärztlich versorgt worden. An welche Impfung muss man in diesem Fall denken?

____

2. Da der Patient nicht weiß, wo sein Impfpass liegt und er sich auch nicht an die letzte Tetanus-Impfung erinnern kann (in Ihrer Kartei finden Sie auch keine Eintragung), möchte der Arzt ihn *simultan* impfen. Was wird darunter verstanden?

____

3. Sie bringen Ihrem Chef daher welche Impfstoff-Ampulle (sie enthält Antigene, besser: Tetanus-toxoid)?

____

4. Von der STIKO empfohlen ist die Gabe von Tetanus-Antigenen *in Kombination mit*

______________ -Antigenen.

5. Ute Müller, Hausfrau, kommt mit einer tiefen Schnittwunde in der rechten Handinnenfläche zu Ihnen in die Praxis. Sie hat sich beim Abwaschen der Gläser verletzt. Sie kennen die Patientin nicht, da sie erst vor kurzem in diese Stadt gezogen ist. Ihren Impfausweis hat sie leider nicht dabei. Der Arzt versorgt die Wunde. Was ist »impftechnisch« zu tun? Betrachten Sie Tabelle 4:

a. 1. Spalte »Vorgeschichte der Tetanus-Immunisierung (Anzahl der Impfungen)«: In welche Reihe sortieren Sie die Patientin ein?

____

b. Hat Frau Müller eine »saubere, geringfügige Wunde« oder gehört sie in die Spalte »Alle anderen Wunden« (beachten Sie dazu die hochgestellte eins, die unter der Tabelle erklärt wird)?

____

c. Informieren Sie sich nun, was »Td [2]« bedeutet. Ist diese Anmerkung für diesen Fall von Bedeutung?

____

d. Informieren Sie sich nun, was »TIG [3]« bedeutet. Nennen Sie ein Tetanus-Immunglobulin-Präparat.

____

e. Was ist also heute zu tun? (A: 1)

5e

A Frau Müller erhält heute eine Td-Impfung.
B Frau Müller erhält heute nur eine passive Tetanus-Immunisierung.
C Frau Müller erhält heute eine Td-Impfung und Tetagam N®.

A
B
C

Lückentext: Was ist weiter zu veranlassen?

- Sie stellen der Patientin eine Impfbescheinigung aus (siehe Kapitel 8) und bitten sie, Ihnen in den nächsten Tagen den ____________ zur Überprüfung mitzubringen.
  Übertragen Sie dann auch die heutige Impfung und die Immunisierung in diesen Ausweis!
- Besteht eine Grundimmunisierung, war die heutige Impfung eine ____________ impfung.
- Fehlt die Grundimmunisierung, ist die Patientin auf fehlende Impfungen hinzuweisen:
  Frau Müller braucht eine 2. Impfung in ca. 4–8 Wochen und eine 3. Impfung in 6–12 Monaten (je nach Präparat; ____________ beachten). Je nach den durchgeführten Impfungen als alleinige Tetanus oder als Td-Impfung.

6. Claudia Schiefer hat sich bei der Gartenarbeit verletzt. Ziemlich schmutzig erscheint sie mit einer blutenden Verletzung am linken Unterarm in Ihrer Praxis. Der Arzt versorgt die Wunde. Muss die Patientin nun noch geimpft werden? Frau Schiefer kennen Sie bereits. In ihrem Impfausweis steht erst eine Tetanus-Diphtherie-Impfung (Juni 2004). Verfahren Sie wie in Aufgabe 1 beschrieben und notieren Sie das Ergebnis hier:

____

____

7. Kurt Jürgens (22 Jahre alt), hat gerade seine Zeit bei der Bundeswehr beendet und wartet auf einen Studienplatz. Heute hat er sich beim Inline-Skating starke Schürfwunden an beiden Knien zugezogen, da er keine Knieschoner getragen hat. Der Arzt versorgt die Wunden.

Im Impfausweis finden Sie eine komplette Tetanus-Diphtherie-Grundimmunisierung, sowie 2 Auffrischimpfungen. Die letzte Impfung wurde vor einem halben Jahr durchgeführt. Verfahren Sie wie in Aufgabe 1 beschrieben und notieren Sie das Ergebnis hier:

5.4 Postexpositionelle Tollwut-Immunprophylaxe

Unter postexpositionell wird Folgendes verstanden: Nach einer (möglichen) Infektion wird eine Impfung (Antigengabe) als therapeutische Maßnahme durchgeführt. Dies geschieht in Einzelfällen (z. B. bei Tollwut, Tetanus, Hepatitis B) zusammen mit der gleichzeitigen Gabe eines speziellen Immunglobulin-Präparates (Antikörpergabe). Dieses nennt man dann Simultanprophylaxe.

Das Immunglobulin-Präparat schützt einerseits während des schutzlosen Intervalls zwischen Infektion und Bildung körpereigener schützender Antikörper aufgrund der Impfung, andererseits behindert es nicht den Aufbau der Immunität.

Expositionsprophylaxe bedeutet: Maßnahmen, die den Ausbruch der Krankheit verhindern.
Immunprophylaxe bedeutet: Verhütung von Krankheiten durch Impfung.

Die STIKO gibt hierzu folgende Hilfe:

Tabelle 5: Postexpositionelle Tollwut-Immunprophylaxe

Grad der Exposition	Art der Exposition durch ein tollwutverdächtiges oder tollwütiges Wild- oder Haustier**	 durch einen Tollwut-Impfstoffköder	Immunprophylaxe* (Beipackzettel beachten)
I	Berühren/Füttern von Tieren, Belecken der intakten Haut	Berühren von Impfstoffködern bei intakter Haut	Keine Impfung
II	Knabbern an der unbedeckten Haut, oberflächliche, nicht blutende Kratzer durch ein Tier, Belecken der nicht intakten Haut	Kontakt mit der Impfflüssigkeit eines beschädigten Impfstoffköders mit nicht intakter Haut	Impfung
III	Jegliche Bissverletzung oder Kratzwunden, Kontamination von Schleimhäuten mit Speichel (z. B. durch Lecken, Spritzer)	Kontamination von Schleimhäuten und frischen Hautverletzungen mit der Impfflüssigkeit eines beschädigten Impfstoffköders	Impfung **und einmalig simultan** mit der ersten Impfung passive Immunisierung mit Tollwut-Immunglobulin (20 IE/kg Körpergewicht)

* Die einzelnen Impfungen und die Gabe von Tollwut-Immunglobulin sind sorgfältig zu dokumentieren.
** Als tollwutverdächtig gilt auch eine Fledermaus, die sich anfassen lässt oder ein sonstiges auffälliges oder aggressives Verhalten zeigt oder tot aufgefunden wurde.

Auszug aus: Empfehlungen der Ständigen Impfkommission (STIKO), Stand: Juli 2005

BEGRIFFE

Detergenzien: reinigende, desinfizierende Mittel

Kontamination: Verschmutzung, Verunreinigung

Expositionsgrad: Grad der Gefährdung für einen Organismus

instillieren: einbringen, instilliert: eingebracht

postexpositionell: vor Gefährdung

Beachte:

- Möglicherweise kontaminierte Körperstellen, und alle Wunden sind unverzüglich und großzügig mit Seife oder Detergenzien zu reinigen, mit Wasser gründlich zu spülen und mit 70%igem Alkohol oder einem Jodpräparat zu behandeln. Dies gilt auch bei einer Kontamination mit Impfflüssigkeit eines Impfstoffköders.
- Bei Expositionsgrad III wird vom Tollwut-Immunglobulin **soviel wie möglich** in und um die Wunde instilliert und die verbleibende Menge intramuskulär verabreicht. Wunden sollten möglichst nicht primär genäht werden.
- Bei erneuter Exposition einer Person, die bereits vorher mit Tollwut-Zellkulturimpfstoffen geimpft wurde, sind die Angaben des Herstellers zu beachten.
- Bei Impfanamnese mit unvollständiger Impfung oder Impfung mit in der EU nicht zugelassenen Impfstoffen wird entsprechend Tabelle 5 eine vollständige Immunprophylaxe durchgeführt.
- Bei gegebener Indikation ist die Immunprophylaxe unverzüglich durchzuführen; kein Abwarten bis zur Klärung des Infektionsverdachts beim Tier. Wird der Tollwutverdacht beim Tier durch tierärztliche Untersuchung entkräftet, kann die Immunprophylaxe abgebrochen oder als präexpositionelle Impfung weitergeführt werden.
- Zu beachten ist die Überprüfung der Tetanus-Impfdokumentation und ggf. die gleichzeitige Tetanus-Immunprophylaxe (siehe Tabelle 4).

Die **Tollwut** (griech. Lyssa, lat. Rabies) ist eine schon seit mehr als 2.000 Jahren bekannte Infektionskrankheit. Sie ist weltweit verbreitet, nur wenige Gebiete sind tollwutfrei. Der WHO werden jährlich ca. 60.000 Erkrankungsfälle bei Menschen gemeldet. In Deutschland ist die Erkrankung eines Menschen selten (nach 8 Jahren kam es 2004 erstmals wieder zu einem – importierten – Fall). Als Reisekrankheit spielt die Tollwut in der Regel nur eine untergeordnete Rolle. Ausnahme: Trecking-Reisen.

Der Erreger ist ein Virus, das Kälte, Sonnenlicht, höheren Temperaturen und Austrocknung gegenüber sehr unempfindlich ist. Es wird nicht so leicht übertragen und macht nicht in jedem Fall einer Übertragung krank. Aber dennoch: die Tollwuterkrankung zählt zu den gefährlichsten Infektionskrankheiten, denn **nach Krankheitsausbruch verläuft sie immer tödlich** (Letalitätsrate: 100 %)! Die Viren verbinden sich gerne mit dem Nervengewebe und werden schon frühzeitig mit dem Speichel ausgeschieden.

Tollwut wird immer von einem Tier auf den Menschen übertragen. Meist durch Füchse oder andere Wildtiere, selten durch Vögel oder Fledermäuse. Durch die Wildtiere können die Erreger auf alle Haustiere (Rinder, Hunde, Katzen) übergehen. Befallene Tiere werden getötet, sie dürfen in Deutschland nicht behandelt werden.

Eine Therapie, die nach Krankheitsausbruch den tödlichen Ausgang verhindert, gibt es noch nicht! Der Patient wird lediglich symptomatisch behandelt (Linderung der Angst- und Schmerzzustände, Sicherstellung der Atmung, Krampflösung).

Bitte beachten Sie die **Meldepflicht** (siehe Kapitel 2.3, IfSG § 6, Abs. 1, Nr. 4).

5.5 Zeitabstände zwischen Impfung und Operation

Das sagt die STIKO:

> Bei dringender Indikation kann ein operativer Eingriff jederzeit durchgeführt werden, auch wenn eine Impfung vorangegangen ist. Bei Wahleingriffen sollte nach Gabe von Tot-Impfstoffen ein Mindestabstand von 3 Tagen und nach Verabreichung von Lebendimpfstoffen ein Mindestabstand von 14 Tagen eingehalten werden.
>
> Weder klinische Beobachtungen noch theoretische Erwägungen geben Anlass zu der Befürchtung, dass Impfungen und operative Eingriffe inkompatibel sind. Um aber mögliche Impfreaktionen und Komplikationen der Operation unterscheiden zu können, wird empfohlen, zwischen Impfungen und Operationen diese Mindestabstände einzuhalten.
>
> Diese Mindestabstände gelten, mit Ausnahme von Impfungen aus vitaler Indikation (z. B. Tetanus-, Tollwut-, Hepatitis-B-Schutzimpfung), auch für die Durchführung von Impfungen nach größeren operativen Eingriffen. Nach Operationen, die mit einer immunsuppressiven Behandlung verbunden sind, z. B. Transplantationen, sind Impfungen in Zusammenarbeit mit dem behandelnden Arzt zu planen.

Auszug aus: Empfehlungen der Ständigen Impfkommission (STIKO), Stand: Juli 2005

Jetzt sind Sie dran!

(Lösungen auf Seite 127)

1. Julia Westerland (17 Jahre alt) wurde gestern gegen Tetanus und Diphtherie geimpft. Heute erscheint sie mit großen Bauchschmerzen in Ihrer Praxis. Der Arzt stellt eine akute Appendicitis (Wurmfortsatzentzündung) fest und weist Julia zur sofortigen Operation in das Krankenhaus ein. Darf sie heute noch operiert werden?

2. Paul Braunschweig (5 Jahre alt) wurde gestern ebenfalls gegen Tetanus und Diphtherie geimpft. Da er schon lange Probleme mit seinen Mandeln hat, rät der behandelnde Kinderarzt zur Tonsillektomie (Ausschälung der Gaumenmandeln mit ihrer Kapsel). Wann sollte er sich operieren lassen?

---

3. Luisa Thomas ($3\,^{1}/_{2}$ Jahre alt) hat wegen dauernder Infekte erst gestern ihre zweite MMR-Impfung erhalten. Auch bei ihr soll eine Tonsillektomie durchgeführt werden. Wann kann Luisa operiert werden?

---

4. Sabina Bauer hat vor gut einer Woche ihren Sohn per Kaiserschnitt entbunden. Auf dem Weg aus der Klinik nach Hause hält sie kurz bei ihrem Hausarzt an, um sich ein Rezept für ihre Eisentabletten zu holen. Die Medizinische Fachangestellte sieht in der Kartei, dass Frau Bauer ihren Tetanus/Diphtherie-Impfschutz dringend auffrischen sollte. Könnte Frau Bauer gleich heute eine Impfung erhalten?

---

5. Was wäre, wenn Frau Bauer eine MMR-Impfung bräuchte?

---

6. Kurt Schmitz hat ein neues Herz erhalten. Die Operation ist gut verlaufen. Jetzt muss er zwar viele Tabletten einnehmen, damit sein Körper das neue Organ nicht abstößt, aber es geht ihm viel besser und er hat neue Lebensfreude gewonnen. Seinen Impfstatus hatte er vor der OP allerdings stark vernachlässigt, da er Impfungen für sich nicht mehr für nötig erachtet hatte. Das will er jetzt ändern. Darf er geimpft werden?

A Ja
B Nein

	6
A	
B	

5.6 Recall

BEGRIFF

Recall: engl., Rückruf [aktion]

In der Praxis kommt es oft vor, dass Patienten die Termine für die erforderlichen Wiederholungsimpfungen nicht einhalten.

Damit dies nicht geschieht, bieten manche Arztpraxen ihren Patienten an, sie schriftlich, telefonisch, per Fax, per SMS oder per E-Mail an ausstehende Impftermine zu erinnern. Dagegen bestehen keine Bedenken, wenn der Patient sich damit einverstanden erklärt hat.

Es empfiehlt sich, für die Praxis ein **Recall-Buch** anzulegen. Dort trägt man die Patienten ca. 4 Wochen vor dem geplanten Impftermin ein und schreibt sie dann rechtzeitig an.

Formvorschriften gibt es keine. Sie können also frei formulieren. Achten Sie dabei aber bitte auf die Formulierung, »**dass der Patient die Impfung bei jedem Arzt seines Vertrauens durchführen lassen kann**«. (Es könnte ja sein, dass der Patient inzwischen den Arzt gewechselt hat und sich jetzt durch dieses Erinnerungsschreiben seines ehemaligen Arztes genötigt sieht, diesen wieder zur Durchführung der Impfung aufsuchen zu müssen.)

Beispiel für eine Einverständniserklärung:

Einwilligung zur Erinnerung an empfohlene Impfmaßnahmen

Frau/Herr ____

bittet hiermit um eine unverbindliche Erinnerung an Impfmaßnahmen bzw. Impftermine:

❐ schriftlich (telefonisch unter der Nummer: ____________________)

❐ per SMS (per Fax unter der Nummer: ____________________)

❐ per E-Mail (____________________)

❐ mit Terminvorschlag

❐ ohne Terminvorschlag

____________________ ____________________

Datum Unterschrift des Patienten

Beispiel für ein Erinnerungsschreiben:

Dr. med. A. Kammer
Bismarckallee 8–12
23795 Bad Segeberg
Tel.: 04551/80000

Datum von heute

Sehr geehrte/r ______________________________,

wie gewünscht, erinnern wir Sie an Ihren nächsten Impftermin.

evtl. Datum: ____________________, Uhrzeit: ____________________

Bitte bringen Sie Ihren Impfausweis mit.

Falls Sie den Termin nicht einhalten können, bitten wir um eine kurze Nachricht. Selbstverständlich können Sie die Impfung auch bei jedem anderen Arzt Ihres Vertrauens durchführen lassen.

Mit freundlichem Gruß

Jetzt sind Sie dran!

(Lösungen auf Seite 127)

1. Wo könnte die Einwilligungskarte in der Praxis aufbewahrt werden?

____

____

2. Sie wollen den Patienten schriftlich an seine Impfung erinnern. Welches Porto verwenden Sie?

____

Notizen

6 Indikations- und Auffrischimpfungen

6.1 Allgemeine Informationen

Zur Erfüllung des Impfplanes für Säuglinge, Kinder, Jugendliche und Erwachsene (Tabelle 1) sollte der Impfstatus gegen bestimmte Infektionskrankheiten regelmäßig überprüft und ggf. aufgefrischt werden; jede Arztkonsultation sollte dafür genutzt werden.

Andere Impfungen können bei besonderer epidemiologischer Situation oder Gefährdung für Kinder, Jugendliche und Erwachsene indiziert sein (Indikationsimpfungen). Zu den Indikationsimpfungen gehören auch Reiseimpfungen. Sie können aufgrund der internationalen Gesundheitsvorschriften (Gelbfieber-Impfung) erforderlich sein oder sie werden zum individuellen Schutz dringend empfohlen.

Die Empfehlung über Art und zeitliche Reihenfolge der Impfungen obliegt dem Arzt, in jedem Einzelfall unter Abwägung der Indikation und gegebenenfalls bestehender Kontraindikationen.

Neben den von der STIKO empfohlenen Impfungen sind auf der Basis der existierenden Impfstoff-Zulassungen weitere »Impfindikationen« möglich, auf die nachfolgend nicht weiter eingegangen wird, die aber für den Einzelnen seiner individuellen (gesundheitlichen) Situation entsprechend sinnvoll sein können. Es liegt in der Verantwortung des Arztes, seine Patienten auf diese weiteren Schutzmöglichkeiten hinzuweisen. Insofern hindert auch eine fehlende STIKO-Empfehlung den Arzt nicht an einer begründeten Impfung.

Wenn die individuell gestellte Impfindikation jedoch nicht Bestandteil einer für Deutschland gültigen Zulassung und der Fachinformation des entsprechenden Impfstoffes ist, erfolgt die Anwendung außerhalb der zugelassenen Indikation. Das hat im Schadensfall Folgen für Haftung und Entschädigung und bedingt besondere Dokumentations- und Aufklärungspflichten des impfenden Arztes. Versorgungsansprüche wegen eines Impfschadens gemäß § 60 IfSG werden nur bei den von den Landesgesundheitsbehörden öffentlich empfohlenen Impfungen gewährt.

Auszug aus: Empfehlungen der Ständigen Impfkommission (STIKO), Stand: Juli 2005

6.2 Kategorie und Kostenübernahme

Die in Tabelle 2 genannten Impfungen sind sowohl hinsichtlich ihrer epidemiologischen Bedeutung als auch hinsichtlich ihrer Kostenübernahme unterschiedlich (siehe Hinweise zur Kostenübernahme von Schutzimpfungen, S. 270); sie werden in folgende Kategorien eingeteilt:

S **Standard**impfungen mit allgemeiner Anwendung = Regelimpfungen (siehe auch Tabelle 1)
A **Auffrisch**impfungen
I **Indikation**simpfungen für Risikogruppen bei individuell (nicht beruflich) erhöhtem Expositions-, Erkrankungs- oder Komplikationsrisiko sowie auch zum Schutz Dritter
B Impfungen auf Grund eines erhöhten **beruf**lichen Risikos z.B. nach Gefährdungsbeurteilung entsprechend der Biostoffverordnung und dem G 42 und aus hygienischer Indikation
R Impfungen auf Grund von **Reisen**
P **Postexpositionelle** Prophylaxe/Riegelungsimpfungen bzw. andere Maßnahmen der spezifischen Prophylaxe (Immunglobulingabe oder Chemoprophylaxe) bei Kontaktpersonen in Familie und Gemeinschaft

Auszug aus: Empfehlungen der Ständigen Impfkommission (STIKO), Stand: Juli 2005

Merke

In der Regel übernimmt die Kosten der Impfungen in der Kategorie:

S (= Standard-Impfungen) die Krankenkasse
A (= Auffrischimpfungen) die Krankenkasse
I (= Indikationsimpfungen) die Krankenkasse
B (=berufliche Impfungen) der Arbeitgeber
R (= Reise-Impfungen) die Krankenkasse oder der Patient oder der Arbeitgeber
P (= postexpositionelle Prophylaxe) meist die Krankenkasse, evtl. der Arbeitgeber

Genauere Auskünfte erhalten Sie über Ihre Kassenärztliche Vereinigung, da die KVen Verträge mit den Krankenkassen abschließen und darin die Kostenübernahmen klären.

Der Kostenübernahme von Schutzimpfungen ist in der STIKO ein extra Kapitel gewidmet, hier im Buch ist es das Kapitel 10.

Jetzt sind Sie dran!

(Lösungen auf Seite 127)

1. **Hans Bakkenbüll (68 Jahre) kommt heute zur Krebs-Früherkennungsuntersuchung zu Ihnen in die Praxis. Dabei nutzen Sie die Chance, seinen Impfschutz zu überprüfen. Laut Tabelle 1 der STIKO achten Sie dabei auch auf einen Schutz gegen welche zwei Krankheiten?**

___

2. **Wer trägt die Kosten für diese Impfung?**

___

3. **Jens Gloe (13 Jahre) hat einen Termin zur Jugend-Gesundheitsuntersuchung (J1). Dieser Termin eignet sich gut, mit Hilfe der Tabelle 1 der STIKO zu kontrollieren, ob gegen folgende 4 Krankheiten schon die Auffrischimpfungen durchgeführt wurden:**

___

4. **Bei welcher Krankheit sollte bei Jens überprüft werden, ob die Grundimmunisierung durchgeführt wurde?**

___

5. **Was tun Sie, wenn dieses noch nicht geschehen ist?**

___

6. **Für eine Krankheit ist in Tabelle 2 der STIKO nachzusehen, ob bei Jens diese Impfung erforderlich ist. Um welche Impfung handelt es sich dabei?**

___

7. **Wer trägt die Kosten aller Impfungen von Jens Gloe?**

___

8. Franziska David (24 Jahre) braucht für ihre Asien-Reise noch eine Impfung gegen »Japanische Enzephalitis«. Diese Impfung wird bei Langzeitaufenthalten in ländliche Risikogebiete Asiens, vor allem in Reisanbaugebieten in Süd-Ost-Asien und China gefordert. Die Impfung wird in Deutschland in keinem Bundesland öffentlich empfohlen. Der Arzt kann sich den Impfstoff über eine internationale Apotheke besorgen und dann auch impfen. Im Schadensfall haftet? (A: 1)

A Die oberste Landesgesundheitsbehörde Ihres Bundeslandes.
B Der Arzt.
C Keiner, wenn der Patient beim Arzt eine Erklärung ausgefüllt hat, dass er auf eigenen Wunsch geimpft werden möchte.

8	
A	
B	
C	

9. Wer trägt die Kosten für die Impfung?

____

10. In welche 6 Kategorien werden die Impfungen laut STIKO eingeteilt?

____

11. Zu welcher Impfung kann man auch Regelimpfung sagen?

____

12. Zu welcher Impfung kann man auch Riegelungsimpfung sagen?

____

Merke

Unter dem Begriff **Riegelungsimpfung** versteht man eine Impfung von nicht oder nicht vollständig geimpften Personen in Gemeinschaftseinrichtungen, wenn dort eine Infektionskrankheit ausgebrochen ist. Diese Impfung soll der weiteren Ausbreitung der Krankheit »einen Riegel vorschieben«.

6.3 Indikations- und Auffrischimpfungen sowie andere Maßnahmen der spezifischen Prophylaxe

Tabelle 2 der STIKO enthält die »**Indikations- und Auffrischimpfungen sowie andere Maßnahmen der spezifischen Prophylaxe**«. Alle Krankheiten sind dort alphabetisch sortiert und somit übersichtlich auf 6 Seiten zusammengetragen.

Wir sehen hier einen kleinen Auszug aus dem Anfang der Tabelle. Sie beginnt mit den Impfungen gegen Cholera und Diphtherie.

Tabelle 2: Indikations- und Auffrischimpfungen sowie andere Maßnahmen der spezifischen Prophylaxe

Impfung gegen	Kategorie	Indikation bzw. Reiseziel	Anwendungshinweise (Packungsbeilage/Fachinformationen beachten)
Cholera	R	Auf Verlangen des Ziel- oder Transitlandes; nur im Ausnahmefall; eine WHO-Empfehlung besteht nicht.	Nach Angaben des Herstellers
Diphtherie	S/A	Alle Personen bei fehlender oder unvollständiger Grundimmunisierung, oder wenn die letzte Impfung der Grundimmunisierung oder die letzte Auffrischimpfung länger als 10 Jahre zurückliegt.	Die Impfung gegen Diphtherie sollte in der Regel in Kombination mit der gegen Tetanus (Td) durchgeführt werden. Bei bestehender Diphtherie-Impfindikation und ausreichendem Tetanus-Impfschutz sollte monovalent gegen Diphtherie geimpft werden. Nichtgeimpfte oder Personen mit fehlendem Impfnachweis sollten 2 Impfungen im Abstand von 4–8 Wochen und eine 3. Impfung 6–12 Monate nach der 2. Impfung erhalten. Eine Reise in ein Infektionsgebiet sollte frühestens nach der 2. Impfung angetreten werden.
	P	Bei Epidemien oder regional erhöhter Morbidität	Entsprechend den Empfehlungen der Gesundheitsbehörden
	P	Für enge *(face to face)* Kontaktpersonen zu Erkrankten, Auffrischimpfung 5 Jahre nach der letzten Impfung	Chemoprophylaxe Unabhängig vom Impfstatus präventive antibiotische Therapie, z. B. mit Erythromycin (s. „Ratgeber Diphtherie" www.rki.de > Infektionskrankheiten von A–Z > Diphtherie)
FSME (Frühsommer-meningo-enzephalitis)	I B	Personen, die in FSME-Risikogebieten Zecken exponiert sind oder Personen, die durch FSME beruflich gefährdet sind (exponiertes Laborpersonal sowie in Risikogebieten z. B. Forstarbeiter und Exponierte in der Landwirtschaft) **Risikogebiete in Deutschland** sind zur Zeit insbesondere: ► **in Bayern** **Niederbayern** (mit der Region Passau als Hochrisikogebiet), **Oberpfalz** (ausgenommen der Landkreis Tirschenreuth) sowie einige **Landkreise** in **Mittelfranken, Oberfranken, Unterfranken** und **Oberbayern**; ► **in Baden-Württemberg** der gesamte Schwarzwald (Gebiet zwischen Pforzheim, Offenburg, Freiburg, Villingen, Tübingen, Sindelfingen), die Gebiete entlang der Flüsse Enz, Nagold und Neckar sowie entlang des Ober-/Hochrheins, oberhalb Kehls bis zum westlichen Bodensee (Konstanz, Singen, Stockach); ► **in Hessen** der Odenwald und die Landkreise Darmstadt-Dieburg, Bergstraße, Marburg-Biedenkopf, Offenbach; ► **in Rheinland-Pfalz** der Landkreis Birkenfeld; ► **in Thüringen** der Saale-Holzland-Kreis, der Saale-Orla-Kreis und der Landkreis Hildburghausen (Saisonalität beachten: April–November)	Grundimmunisierung und Auffrischimpfungen mit einem für Erwachsene bzw. Kinder zugelassenen Impfstoff nach Angaben des Herstellers Entsprechend den Empfehlungen der Gesundheitsbehörden; Hinweise zu FSME-Risikogebieten – veröffentlicht im *Epidemiologischen Bulletin* des RKI, Ausgabe 16/2005 – sind zu beachten.
	R	Zeckenexposition in FSME-Risikogebieten außerhalb Deutschlands	

Auszug aus: Empfehlungen der Ständigen Impfkommission (STIKO), Stand: Juli 2005

Die Tabelle ist in der waagerechten Reihe in 4 unterschiedlich breite senkrechte Spalten eingeteilt:

1. senkrechte Spalte: **Impfung gegen.** Hier suchen Sie sich erst mal die richtige Krankheit aus, gegen die geimpft werden soll.
2. senkrechte Spalte: **Kategorie.** Hier sagt Ihnen der Buchstabe, wer die Kosten übernimmt, siehe auch Kapitel 6.2 und 10.
3. senkrechte Spalte: **Indikation bzw. Reiseziel.** Hier sehen Sie später nach, ob Ihr Patient betroffen ist, das heißt ob er diese Impfung überhaupt braucht und wenn ja, ob generell oder nur in speziellen Fällen.
4. senkrechte Spalte: **Anwendungshinweise** (Packungsbeilage/Fachinformation beachten – das kennen Sie ja schon aus dem Kapitel Impfabstände!) Hier schauen Sie nach, was Sie bei der Impfung beachten müssen.

Sehen Sie sich jetzt die waagerechte Reihe **Diphtherie** (stellvertretend für den weiteren Umgang mit dieser Tabelle) einmal näher an:

Sie finden eine Kategorie »S/A« mit Text rechts daneben.

Darunter steht die Kategorie »P«, ebenfalls mit Text daneben.

Ganz unten ist noch einmal die Kategorie »P« aufgeführt, allerdings mit einem anderen Text daneben.

Merke

Man liest die Tabelle Spaltenweise von links nach rechts rüber, bleibt aber bei der begonnenen Kategorie.

Jetzt sind Sie dran!

(Lösungen auf Seite 127)

Beginnen Sie bei Diphtherie mit der Kategorie *»S/A«. Lesen Sie* sich auch alle Anwendungshinweise durch, die für die Kategorie »S/A« gelten.

1. Ludmilla Schiller (30 Jahre) ist bisher *einmal* gegen Diphtherie geimpft worden. Ist sie ausreichend geschützt?

A Ja
B Nein

1
A
B

2. Wie viele Impfungen gehören zu einer vollständigen Diphtherie-Grund-Immunisierung?

3. Zu welcher Kategorie zählt die Grundimmunisierung?

A **S** = Standard-Impfung
B **A** = Auffrisch-Impfung

4. Bernhard Schäfer (30 Jahre) hat eine abgeschlossene Diphtherie-Grundimmunisierung, seine letzte Boosterung war vor 15 Jahren. Braucht er heute eine Impfung?

A Ja
B Nein

5. Welche Kategorie zählt für ihn?

A **S** = Standard-Impfung
B **A** = Auffrisch-Impfung

6. Die Impfung gegen Diphtherie sollte in der Regel in Kombination mit der Impfung gegen welche Krankheit erfolgen? (A: 1)

A Poliomyelitis
B Tetanus
C Hepatitis B

7. Was heißt »monovalent«? (Lesen Sie notfalls im Wörterverzeichnis nach)

---

8. Olga Sokolowski (35 Jahre) möchte ihre Verwandten in der Ukraine besuchen. Da sie keinen Impfausweis besitzt, beginnen Sie heute mit der Tetanus- und Diphtherie-Grundimmunisierung. Wann sollte sie diese Reise frühestens antreten?

Notizen

7 Umgang mit Impfstoffen

7.1 Vorab

Impfstoffe sind Präparate, die **Antigene** enthalten und zur **aktiven Impfung** angewandt werden. Meist müssen mehrere Impfungen zu bestimmten Zeiten durchgeführt werden, um eine Grund-Immunisierung zu erreichen.

Allgemeine Hinweise:
Vergleichbare Impfstoffe unterschiedlicher Hersteller können sich in ihrer Zusammensetzung und der Herstellung der Impf-Antigene unterscheiden. Bei vielen Impfstoffen ist aber eine **Austauschbarkeit** auch innerhalb einer Impfserie gegeben, z. B. D, T, HA, HB, FSME, Tollwut.

Wenn möglich sollten jedoch die **Kinder-Impfungen** (wegen der Hib-Komponente) mit ein- und demselben Impfstoff durchgeführt werden.

Die **simultane** (gleichzeitige) **Gabe** mehrerer Impfstoffe an einem Tag beeinträchtigt weder die Wirksamkeit noch die Verträglichkeit gegenüber der Einzelgabe.

Auch **mehrere Lebend-Impfstoffe** werden entweder simultan gegeben oder im Abstand von 4 Wochen.

7.1.1 Charge

Was ist eine Charge?
Die in einem Produktionsgang angefertigte Menge eines Arzneimittels.

- Die produzierte Menge wird in Ampullen abgefüllt.
- Jede Ampulle wird mit der gleichen »Produktions«-Nummer und/oder Bezeichnung (Kombination von Zahlen und Buchstaben) beschriftet.
- Bei neuer Produktion gibt es für die neue Serie (Charge) eine andere Nummer oder Bezeichnung.

Merke

Chargenrückrufe erfahren Sie über Rote-Hand-Briefe vom Hersteller oder unter der Rubrik »Bekanntmachungen« im Deutschen Ärzteblatt (auf der letzten Seite vor dem Anzeigenteil. Die Seite hat einen hellblauen Seitenrand). Sehen Sie dann **unverzüglich** in Ihrem Kühlschrank nach, ob Sie von diesem Rückruf betroffen sind. Meist sind die Impfstoffe über die Apotheke zu entsorgen. **Achtung:** Werden diese Produkte nach dem Rückruf versehentlich verwendet, haftet in Schadensfällen der Arzt!

Wann wird eine Charge vom Markt genommen?

- Stellt sich später ein Fehler in einem Produktionsgang heraus, muss die gesamte Charge vom Markt genommen werden.
- Wenn unter einer Charge unerwartet viele hohe Nebenwirkungen gemeldet werden.

Für den Patienten ist es wegen eines eventuell auftretenden Impfschadens sehr wichtig, dass die Chargen-Nummer (oder Chargen-Bezeichnung) sowohl im Impfausweis wie auch in der Kartei/im PC dokumentiert wird. Nur so hat er die Chance zu beweisen, dass er diese Charge erhalten hat. Falls nun gerade diese Charge wegen eventueller Mängel vom Markt genommen wurde, hat er mit der Dokumentation die Möglichkeit überprüfen zu lassen, ob sein Impfschaden evtl. auf der fehlerhaften Produktion beruht.

PedvaxHIB Liquid
CH.-B.: 00 40 11
1 Dosis = 0,5 ml

Chargen-Aufkleber (Beispiel)

7.1.2 Grundregeln

Da Impfstoffe empfindliche biologische Produkte sind, muss mit ihnen sehr sorgfältig umgegangen werden. Damit Impfstoffe wirklich bis zu ihrem Verfallsdatum angewendet werden können, gilt es, die folgenden Regeln zu beachten:

1. Lagern Sie Impfstoffe korrekt.
2. Haben Sie die Lagerungsbedingungen im Blick (siehe Kapitel 7.2).
3. Halten Sie Ordnung.
4. Seien Sie absolut zuverlässig.
5. Falls Patienten Impfstoffe aus der Apotheke holen, geben Sie konkrete Hinweise zum Transport (siehe S. 86, Kühlkette).
6. Sortieren Sie neue »Ware« nach Verfallsdatum ein, sodass die Impfstoffe vorne stehen, die zuerst ablaufen.
7. Lagern Sie Arzneimittel von Nahrungsmitteln getrennt.
8. Wählen Sie eine Kollegin aus, die für die Impfstoff-Lagerung zuständig ist.
9. Haben Sie Chargenrückrufe im Blick (siehe Kapitel 7.1.1).

7.1.3 STIKO-Hinweise

Umgang mit Impfstoffen und Vorgehen bei der Impfung

Impfstoffe sind empfindliche biologische Produkte und müssen vor allem vor Erwärmung geschützt werden. Besonders empfindlich sind Impfstoffe, die vermehrungsfähige Viren enthalten. Alle Impfstoffe sollen im Kühlschrank bei 2–8 °C gelagert werden. Die Lagertemperatur muss regelmäßig überprüft werden. Impfstoffe, die versehentlich falsch gelagert oder eingefroren wurden, sind zu verwerfen. Impfstoffe dürfen nicht mit Desinfektionsmitteln in Kontakt kommen. Durchstechstopfen müssen trocken sein!

Die Injektionskanüle sollte trocken sein, insbesondere sollte Impfstoff die Kanüle außen nicht benetzen. Dies macht die Injektion schmerzhaft und kann zu Entzündungen im Bereich des Stichkanals führen. Nach Aufziehen des Impfstoffs in die Spritze und dem Entfernen evtl. vorhandener Luft sollte eine neue Kanüle für die Injektion aufgesetzt werden. Vor der Injektion muss die Impfstelle desinfiziert werden. Bei der Injektion sollte die Haut wieder trocken sein.

Für intramuskulär zu injizierende Impfstoffe ist die bevorzugte Impfstelle der M. deltoideus. Solange dieser Muskel nicht ausreichend ausgebildet ist, wird empfohlen, in den M. vastus lateralis (anterolateraler Oberschenkel) zu injizieren. Hier ist die Gefahr einer Verletzung von Nerven oder Gefäßen gering. Bei Injektion von Adsorbatimpfstoffen in das subkutane Fettgewebe kann es zu schmerzhaften Entzündungen und zur Bildung von Granulomen oder Zysten kommen. Darüber hinaus ist bei Injektion in das Fettgewebe der Impferfolg in Frage gestellt.

Auszug aus: Empfehlungen der Ständigen Impfkommission (STIKO), Stand: Juli 2005

Jetzt sind Sie dran!

(Lösungen auf Seite 127)

1. **Wovor müssen Impfstoffe geschützt werden?**

---

2. **Nennen Sie zwei Impfstoffe, die vermehrungsfähige Viren enthalten und deshalb besonders korrekt gelagert werden sollten. (Tipp: Denken Sie an Kapitel 3.5, Kontraindikationen und an die Schwangeren ...)**

7.2 Lagerung von Impfstoffen

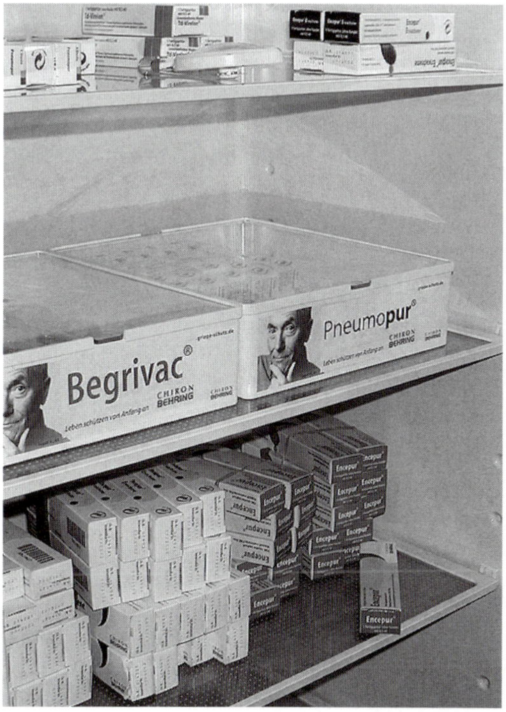

Impfstoffe werden im Kühlschrank gelagert, nicht in der Tür! *Foto: C.-P. Grossmann*

Merke

- Impfstoffe nie in der Tür lagern (zu schnelle Erwärmung)!
- Impfstoffe nicht zu dicht an der Rückwand lagern, damit sie dort nicht anfrieren.
- Einfrieren von Impfstoffen führt zu Haarrissen in den Ampullen/Fertigspritzen, die zur Unsterilität des Impfstoffes führen könnten.
- Neue Ware immer nach hinten stellen.
- Regelmäßig Impfstoffe auf das Verfallsdatum hin überprüfen.
- Notieren Sie sich dafür in der Praxis feste Termine: z. B. der 2. Januar und der 1. Juli.
- Die Temperatur ist im Kühlschrank oben wärmer als unten.
- Deshalb den Fühler des Thermometers immer am oberen Rost befestigen.
- Lebensmittel immer in einem separaten Kühlschrank lagern! (Sie vernachlässigen sonst die Hygiene-Vorschriften. Außerdem führt zu häufiges Türe öffnen zu großer Erwärmung des Innenraumes.)

Für die **Überprüfung der Lagertemperatur** bietet sich ein Minimum-Maximum-Thermometer an. Mit Hilfe dieses Thermometers kann man die niedrigste und die höchste sich im Kühlschrank befundene Temperatur seit dem letzten Ablesen feststellen. Nach dem Ablesen stellt man das Thermometer wieder auf »Null«.

Da Wärme nach oben steigt und Kälte nach unten fällt, sollte das Thermometer auf dem obersten Rost im Kühlschrank gelagert werden. Sinnvoller wäre es jedoch, das Thermometer oben auf den Kühlschrank zu legen. Das dünne Kabel führt durch die Türdichtung, der Fühler sollte ebenfalls am obersten Rost befestigt werden. Vorteil: Zum Ablesen braucht der Kühlschrank nicht unnötig geöffnet werden. Beachte: Jedes Öffnen der Kühlschranktür führt im Innenraum zu einer Erwärmung, die vom Kühlschrank wieder runtergekühlt werden muss. Deshalb sollte man auch keine Lebensmittel in diesem Schrank mit lagern. Nur so ist gewährleistet, dass die Impfstoffe auch wirklich bei der richtigen Temperatur gelagert werden.

Die **arbeitstäglich** abgelesenen Werte werden in einem Protokoll dokumentiert. Sollte es dann doch zu Abweichungen, zum Beispiel durch Stromausfall, kommen, kann Ihnen der Apotheker oder Impfstoff-Hersteller sagen, ob die gelagerten Impfstoffe noch verwendet werden können.

Kühlkette: ist der lückenlos gekühlte Transport vom Hersteller, über den Groß-Händler, den Apotheker bis zum Kühlschrank des Arztes und letztlich der Injektion.

Kühlkettenpflichtige Tot-Impfstoffe sind der Hib- und der Pneumokokken-Impfstoff und die **Lebendimpfstoffe** (MMR, VZ, Gelbfieber). Auch die Thyphoral L Tabletten gegen Typhus gehören dazu.

Sie dürfen alle nur **maximal 1–2 Stunden außerhalb der Kühlkette** gelagert werden.

Gefahr: Leider sieht man dem Impfstoff nicht an, wie viele Minuten, Stunden oder gar Tage er schon außerhalb der Kühlung verbracht hat. Deshalb hier besondere Vorsicht walten lassen. Versuche der Pharmazie, Etiketten zu entwickeln, die durch einen Farbumschlag anzeigen, ob der Impfstoff noch brauchbar ist, schlugen bisher leider fehl.

Präparate ohne Kühlkettenpflicht dürfen max. 3–4 Tage bei Raumtemperatur (in der Regel ohne größeren Wirksamkeitsverlust) transportiert und aufbewahrt werden. Sie sollten danach aber so schnell wie möglich wieder im Kühlschrank gelagert werden.

Was bei der Lagerung von Adsorbatimpfstoffen zu beachten ist, entnehmen Sie bitte dem Kapitel 7.6.

Besondere Lager- und Aufbewahrungshinweise für ein Präparat entnimmt man dem Punkt 16 der **Fachinformation** (siehe Kapitel 7.8).

Praxistipp:

- Besorgen Sie sich ein **Minimum-Maximum-Thermometer**, um die Temperaturschwankungen täglich zu erfassen. Nur so ist gewährleistet, dass die Temperatur zwischen zwei Messungen wirklich korrekt war.
- Führen Sie ein **Kontrollbuch** (siehe unten).
- Eine Person wird bestimmt, die für die Überprüfung verantwortlich ist.
- Klären Sie, wer die Vertretung bei Urlaub, Krankheit etc. übernimmt.

So könnte Ihr Buch aussehen:

Datum	Temperatur	Wert okay?	durchführende Medizinische Fachangestellte
gestern	+ 4 °C bis + 6 °C	ja	Petra Stolten
heute	+ 2 °C bis + 8 °C	ja	Petra Stolten

Jetzt sind Sie dran!

(Lösungen auf Seite 127)

1. Die Lagertemperatur von Impfstoffen beträgt:

---

2. Was meint die STIKO mit einer »regelmäßigen« Überprüfung der Lagertemperatur? Regelmäßig ist eine (A: 1)

A tägliche Überprüfung
B wöchentliche Überprüfung
C monatliche Überprüfung

2
A
B
C

3. Was sollten Sie mit Impfstoffen machen, die versehentlich falsch gelagert oder eingefroren wurden? (A: 2)

A Dazu sagt die STIKO gar nichts.
B Die sollte man verwerfen.
C Die kann man getrost weiter benutzen (schließlich hat der Arzt sie teuer bezahlt).
D Ich frage den Apotheker oder Hersteller, ob eventuell noch etwas zu retten ist.

3
A
B
C
D

7.3 Aufziehen von Impfstoffen

Was Sie über Impfstoffe wissen sollten
(siehe auch Kapitel 7.2 und 7.5):

- Impfstoffe sollten erst **kurz vor der Anwendung aufgezogen** oder rekonstituiert (= wiederhergestellt) werden.
- **Wärmen** Sie den Impfstoff **kurz** in der Hand an, ehe Sie ihn aufziehen. (Kalter Impfstoff ist bei der Injektion unangenehm.)
- Bei Impfstoffen, die unmittelbar vor der Applikation in einem anderen Impfstoff aufgelöst werden und hierfür zugelassen sind, **dürfen nur die jeweils zusammengehörenden Produkte aus einer Packung** zusammen verwendet werden. Nur für diese Konstellation wurde die Chargenfreigabe von der Zulassungsbehörde, dem Paul-Ehrlich-Institut (PEI), erteilt.
- Nachdem Sie die Luft aus der Spritze entfernt haben, drücken Sie den Impfstoff bis zur Konusspitze hoch. Achtung: Nichts vertropfen! Der Patient erhält sonst weniger Antigene und seine Impfung geht vielleicht deshalb nicht an, das heißt, er produziert nicht genug Antikörper!

Was Sie über Kanülen wissen sollten:

- Falls Sie den Impfstoff mit einer Kanüle aufziehen, brauchen Sie eine zweite Kanüle zum Injizieren. Diese wird nur aufgesteckt! Keine Luft entweichen lassen! (Diese geringe Menge stört bei der Injektion nicht!)
- **Kanülengrößen** nach persönlichen Erfahrungen und Vorlieben wählen, lieber länger und stärker wählen, um sicher auch bei adipöseren Impflingen intramuskulär zu injizieren. Meist wird die Größe 17 oder 18 verwendet.
- Es sollte immer mit einer **außen trockenen Kanüle** injiziert werden. Das lässt den Einstich auch schmerzloser werden (siehe Kapitel 7.4).

Jetzt sind Sie dran!

(Lösungen auf Seite 127)

1. **Worauf achten Sie, wenn Sie Impfstoffe aufziehen?**
   Folgende Worte sind einzusetzen: nicht – Tupfer – desinfizieren – Alkohol – Kanüle – Kanüle – leer – leere – Konusspitze – mit

Hände ____________________, Ampullenkopf ____________________ klopfen.
Kopf mit ____________________ abbrechen, ____________________ Kanüle aufziehen,
____________________ in Abfallbox entsorgen. Keinesfalls die Kanüle in die Schutzhülle
zurückstecken. Impfstoff blasenfrei bis zur ____________________ hoch drücken, neue
____________________ für die Impfung aufstecken, Kanülenschutz
____________________ entfernen, ____________________ Ampulle daneben stellen,
____________________ tupfer, trockenen Tupfer und Pflaster dazulegen.

Es soll doch tatsächlich immer wieder Anrufe bei Impfstoff-Herstellern geben, in denen Medizinische Fachangestellte berichten, eine leere Ampulle erhalten zu haben. Können Sie sich das erklären?

2. **Womit dürfen in Flaschen gefüllte Impfstoffe nicht in Kontakt kommen?**

____

3. **Muss der Durchstechstopfen vor Benutzung desinfiziert werden?**

____

4. **Bevor Sie den Durchstechstopfen anstechen, sollte er wieder ____________ sein.**

5. **Nach dem Aufziehen des Impfstoffs in die Spritze und dem Entfernen evtl. vorhandener Luft …**

A … **kann** eine neue Kanüle für die Injektion aufgesteckt werden.
B … **sollte** eine neue Kanüle für die Injektion aufgesteckt werden.

5
A
B

6. **Das Mischen von verschiedenen Impfstoffen (z. B. Td + MMR) in einer Spritze ist**

A erlaubt
B nicht zulässig

6
A
B

7.4 Impftechnik

Injektionen sind Eingriffe, die zum Verantwortungsbereich des Arztes gehören. Der Arzt kann sein medizinisches Assistenzpersonal mit der Durchführung der Impfung beauftragen, soweit bei der Impfung keine Komplikationen zu erwarten sind, die sein persönliches Handeln erfordern. Der Arzt bleibt in jedem Falle für die Anordnung und ordnungsgemäße Durchführung der Impfung sowie für die Auswahl und Überwachung der Hilfskraft verantwortlich.

Der Arzt darf daher die Durchführung nur Mitarbeitern übertragen, die in der Punktions- und/oder Injektionstechnik **besonders ausgebildet** sind und von deren Können und Erfahrungen er sich selbst überzeugt hat. Auch sollte der Arzt sich regelmäßig von der korrekten praktischen Durchführung überzeugen. Das betraute Personal sollte ständig fortgebildet werden. Diese Fortbildung muss alle Aspekte des Themas Impfen einschließlich Indikationen, Nebenwirkungen und dergleichen mehr beinhalten, sollte systematisch und kontinuierlich erfolgen und durch nachweislich befähigte Institutionen vorgenommen werden.

Die Medizinische Fachangestellte übernimmt mit der Durchführung eine sogenannte Durchführungs- bzw. **Handlungsverantwortung**. Das bedeutet: wenn sie sich unsicher ist, die Aufgabe richtig erfüllen zu können, muss sie die Durchführung ablehnen und an den Arzt zurückgeben. Auch der Patient muss einverstanden sein.

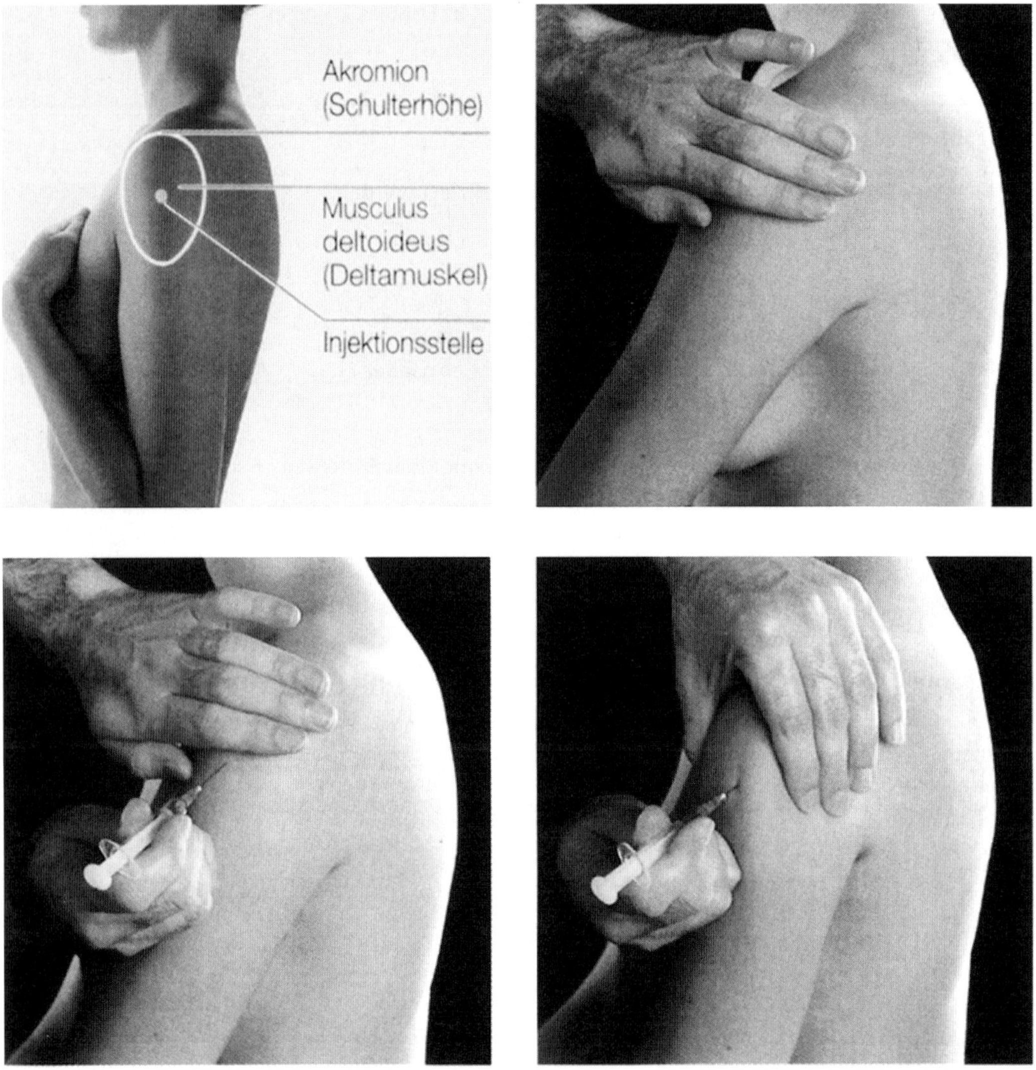

Die richtige Impftechnik

(Quelle: Impfcodex Nr. 6, Abdruck mit freundlicher Genehmigung der Fa. Chiron Behring)

i.m. Injektion in den Oberarm (M. deltoideus)

Im Erwachsenenalter wird die i.m. Injektion in den M. deltoideus bevorzugt. Maximal 2 ml Injektionslösung. Die Injektion erfolgt 3 Querfinger unterhalb der Schulterhöhe senkrecht zur Hautoberfläche in die höchste Erhebung des Deltamuskels (größte Muskelmasse, ca. 1–2 cm tief. Aspiration!).

Nadelstärke und Nadellänge sind für eine optimale intramuskuläre Injektion von ausschlaggebender Bedeutung. Bei Verwendung von sehr dünnen Nadeln entwickelt sich an der Austrittstelle während der Injektion ein unverhältnismäßig hoher Flüssigkeitsdruck, der zu kleinen Gewebedefekten führen kann. Die Länge der Injektionsnadel muss so gewählt sein, dass die Nadelspitze sicher und tief genug in das Muskelgewebe platziert werden kann. Diese Forderung erfüllt am besten die Größe 17,25G x 1", 0,5 mm Außendurchmesser x 25 mm Länge.

Auch die STIKO empfiehlt als bevorzugten Impfort den M. deltoideus.

Was Sie noch wissen sollten:

- Für intramuskulär zu injizierende Impfstoffe empfiehlt die STIKO als bevorzugte Impfstelle der **M. deltoideus** (Delta- oder Oberarm-Muskel).
- Solange dieser Muskel nicht ausreichend ausgebildet ist, wird empfohlen, in den **M. vastus lateralis** (anterolateraler Oberschenkel: vorderer-seitlicher Oberschenkel) zu injizieren.
- Bei beiden Muskeln ist die Gefahr einer Verletzung von Nerven oder Gefäßen gering.
- Nehmen Sie bei Rechtshändern den linken Arm, bei Linkshändern den rechten, da dieser Arm nicht so stark beansprucht wird.
- Die **Hautdesinfektion** erfolgt mit 70 bis 80%igem Alkohol.
- **Einwirkzeit** (30 Sek.) beachten.
- Die Haut sollte vor dem Einstich trocken sein, sonst ist der **Einstichschmerz** verstärkt und das Desinfektionsmittel brennt in der Wunde.
- Nach dem Einstich – vor der Injektion – wird **aspiriert** (angesaugt), um auszuschließen, dass ein Gefäß getroffen wurde. Strömt Blut in die Spritzenkammer, wird die Kanüle verworfen und eine neue Impfstelle ausgewählt.
- Nach der Injektion wird der Stichkanal zusammengedrückt, damit kein Impfstoff in oberflächliche Hautschichten zurücklaufen kann.
- Verwendete Kanülen nicht zurück in die Schutzkappe stecken, sondern gleich in einer **Abfallbox** entsorgen.
- Beachten Sie auch das Kapitel 7.6, Adsorbatimpfstoffe.

Simultan-Impfung

(siehe auch Kapitel 1.8.4 und 5.3)

Unter Simultan-Impfung versteht man die gleichzeitige Gabe einer **passiven** Immunisierung und einer **aktiven** Schutzimpfung an **kontralateralen** Körperstellen (= rechten und linken Oberarm).

Die passive Immunisierung bringt dem Patienten, durch das Einspritzen der benötigten Antikörper, den sofort benötigten Schutz.

Durch die Antigengabe bei der aktiven Impfung wird der Körper des Patienten gezwungen, eigene Antikörper (und Gedächtniszellen) aufzubauen. Damit wird der langfristige Schutz gegen diese Krankheit begonnen aufzubauen. In der Regel müssen noch zwei weitere Impfungen folgen.

Jetzt sind Sie dran!

(Lösungen auf Seite 128)

1. Dürfen Sie die Impfung mit der Kanüle, mit der Sie den Impfstoff aufgezogen haben, durchführen?

---

2. Wann ist die Injektion schmerzloser? (A: 2)

A Bei Verwendung einer mit Impfstoff benetzten Kanüle.
B Bei Verwendung einer neuen, trockenen Kanüle.
C Bei Injektion in die trockene Haut.
D Bei Injektion in die frisch desinfizierte und noch feuchte Haut.

3. Im Bereich des Stichkanals kann sich eine Reaktion entwickeln, wenn Sie ... (A: 1)

A ... eine außen mit Impfstoff benetzte Kanüle verwenden.
B ... eine außen trockene neue Kanüle verwenden.

7.5 Lebend-, Tot- und biotechnologisch hergestellte Impfstoffe

Nach ihrer Herstellung lassen sich drei Impfstoffarten unterscheiden: Lebendimpfstoffe, inaktivierte Impfstoffe (Tot-Impfstoffe) und biotechnologisch hergestellte Impfstoffe.

Lebendimpfstoffe enthalten lebende, in ihren krank machenden Eigenschaften aber abgeschwächte (= attenuierte) Viren oder Bakterien. Durch die Impfung mit einem Lebendimpfstoff wird in zeitlich verkürzter und abgemilderter Form die natürliche Infektion durchgemacht. Es kann daher zu einer leichten »Impfkrankheit« kommen. Die Wirksamkeit von Lebendimpfstoffen beruht auf der Vermehrung der Erreger im Organismus des Impflings und hat meist eine jahrzehntelange Schutzdauer zur Folge. Regelmäßige Auffrischimpfungen sind deshalb nicht erforderlich.

Beachte:
Um bei anschließenden möglichen Nebenwirkungen eindeutig sagen zu können, woher diese Beschwerden kommen (ob durch die Impfung oder eine zufällig hinzugekommene Erkrankung), sollten zwei Impfungen mit Lebendimpfstoffen immer zeitgleich oder im Abstand von vier Wochen erfolgen.

Zu den **Lebendimpfstoffen,** die attenuierte **Viren** enthalten, zählen die Impfungen gegen:

- **Masern, Mumps, Röteln**
- **Varizellen**
- **Gelbfieber**
- **Poliomyelitis** mit dem OPV-Impfstoff (seit Januar 1998 nicht mehr angewandter Polio-Schluckimpfstoff)

Zu den **Lebendimpfstoffen** die abgeschwächte Bakterien enthalten zählen die Impfungen gegen

- **Typhus** mit dem oralen Schluckimpfstoff Typhoral L® (Kapseln)
- **Tuberkulose** mit dem BCG-Impfstoff (Bacillus-Calmette-Guérin-Impfung). Die Impfung mit dem derzeit verfügbaren Impfstoff wird von der STIKO nicht empfohlen.

Beachte generell:

- Lebendimpfstoffe sind generell nicht anwendbar bei Schwangeren und Personen mit Immunschwäche, gelegentlich auch nicht bei Gesunden mit Kontaktpersonen, die diesem Kreis angehören.
- Bei Transport und Lagerung ist auf strikte Einhaltung der Kühlkette zu achten, das heißt: der Impfstoff bleibt ab Herstellung in lückenloser Kühlung bis zur Verimpfung in der Praxis!
- Behältnisse, Kanülen etc. nach Anwendung als infektiöses Material entsorgen!

Gründe für das Absetzen des oralen Polio-Impfstoffes (OPV)

- Ausscheidung und Verbreitung des Impfstammes bei oralem Polioimpfstoff möglich.
- Potentiell positive Auswirkung mit Herdimmunität im Umfeld des Impflings, das heißt: der Patient scheidet noch sechs bis acht Wochen nach der Impfung lebende Viren über den Darm aus. Bei mangelhafter Hygiene kann er diese Viren mit seinen Händen auf andere Menschen übertragen. Beispiel: Eine geimpfte Hausfrau wäscht sich nach dem Stuhlgang nicht die Hände und bereitet anschließend den mittäglichen Salat für die Familie zu. Damit »impft« sie unbewusst auch die Familie. Geimpfte Familienmitglieder erhalten so eine »Gratis-Auffrischung«, Ungeimpfte werden erstmals geimpft. So beschleunigte man die Durchimpfung der Bevölkerung in Zeiten, in denen die Krankheit noch weit verbreitet war. Selbst Impf-Muffel und Impfgegner konnten mit dieser (unfreiwilligen) Methode erreicht werden. Es bestand jedoch die Gefahr, dass Personen, die aufgrund von Immunschwäche oder Vorerkrankungen nicht geimpft werden durften, auf diese Weise gefährlich erkrankten.

Die leichte Einnahme des Impfstoffs (schlucken statt spritzen) sorgte für eine gute Akzeptanz der Impfung in der Bevölkerung und führte so zur Ausrottung der Erkrankung. Seit März 1998 ist man aber von dieser Methode abgewichen, da das Polio-Erkrankungsrisiko in Deutschland sehr stark gesunken war. Nun stand ein anderer Aspekt im Vordergrund: Immer wieder war es nach der Impfung zu Impferkrankungen bei Personen gekommen, bei denen eine Impfung nicht angezeigt war. Das **Risiko, durch das Impfvirus selbst an Polio zu erkranken**, wurde mit 1:4,4 Mio. beim Impfling und mit 1:15,5 Mio. bei Kontaktpersonen errechnet. Dies führte dazu, dass der Impfstoff seit 1991 in Deutschland 12 von 14 Polio-Erkrankungen verursachte, weil z. B. Kontraindikationen (Gegenanzeigen) nicht beachtet oder nicht erkannt wurden. Seit 1998 empfiehlt die STIKO deshalb nur noch den Einsatz der inaktivierten Polio-Vakzine (IPV, Spritzimpfstoff), der kein Erkrankungsrisiko beinhaltet.

Der Polio-Schluckimpfstoff (OPV) bleibt jedoch weiterhin verfügbar, weil er das Mittel der Wahl ist, um einen möglichen, lokalen Polio-Ausbruch abzuriegeln (= Riegelungsimpfung, Kollektivschutz).

Bei den so genannten **Tot-Impfstoffen** handelt es sich entweder um

- **inaktivierte** (tote, nicht vermehrungsfähige) **intakte** (heile) **Mikroben** (z. B. Bordetella pertussis, Choleravibrionen, FSME-Viren, Hepatitis A-Viren, Polioviren, Tollwutviren),
- **Erregerbestandteile** (z. B. azelluläre Pertussisvakzine, Impfstoffe aus Polysaccariden von Pneumokokken und Meningokokken oder Haemophilus influenzae Typ b),
- Detoxifizierte **Toxine** (z. B. Diphtherie- und Tetanustoxoid) oder um
- **Spalt**- oder Untereinheiten-**Impfstoffe** (z. B. Influenza Spalt- und Subunitimpfstoff)

Zu den **Tot-Impfstoffen** zählen also:
- aP (azellulärer Pertussis Impfstoff)
- Cholera (oraler Totimpfstoff zum Schlucken)
- FSME
- Hepatitis A
- Hepatitis B
- Influenza
- IPV (Polio-Inj., SALK-Impfung)
- Meningokokken
- Tollwut (Rabivac®, Rabipur®)
- Typhus (Typhim Vi®, Typherix®)

Zu den **Toxoid-Impfstoffen** gehören die Impfung gegen:
- Diphtherie
- Tetanus

Beachte:
- Die Schutzwirkung ist oft von der Bindung an einen Träger (man nennt sie dann Konjugatimpfstoffe, z. B. Hib, Pneumokokken) oder ein Adjuvans (einen »Verstärker« zur besseren Wirksamkeit des Impfstoffes) abhängig. **Adjuvans** ist eine Substanz, die das Immunsystem anregt (unspezifisch stimuliert). Es bindet das Impf-Antigen, so dass der Impfstoff als Depot im Gewebe liegen bleibt und über eine längere Zeit die Immunzellen anregt. Dieses Depot ist als kleine Verhärtung im Gewebe an der Injektionsstelle spürbar und verschwindet nach einiger Zeit wieder.
- Die Schutzwirkungen sind von begrenzter Dauer, deshalb sind regelmäßige Nachimpfungen erforderlich.
- Tot-Impfstoffe verursachen keine Infektion bzw. Impfkrankheit.
- Es gibt keine Übertragung eines Erregers auf Kontaktpersonen.
- Sie sind vielfach kombinierbar.
- Keine Änderung der Wirkung (Verstärkung oder Abschwächung) bei Gabe von mehreren Tot- oder Lebendimpfstoffen bzw. bei Infektion.
- Die Anwendung schließt keine speziellen Personenkreise wie Schwangere oder Immunschwache aus; auch das Umfeld des Impflings ist diesbezüglich ohne Bedeutung.
- Die Herstellung ist durch aufwendige Reinigungsschritte, große Antigenmengen pro Dosis und häufige Auffrischimpfungen gekennzeichnet; dadurch kostenintensiv.
- Kühlkette meist nicht erforderlich (Ausnahme: Hib, Pneumokokken).
- Entsorgung von Behältnissen, Kanülen etc. nach Anwendung: nicht infektiös, jedoch Verletzungsgefahr.

Anwendungshinweise für den Cholera-Impfstoff

Zurzeit gibt es im Handel nur noch einen Impfstoff. Er heißt Dukoral®, stammt aus Skandinavien und wird jetzt von einer deutschen Firma vertrieben. Gelagert wird er im Kühlschrank bei + 2 bis + 8 °C. Der Impfstoff muss zwei Mal im Abstand von mindestens einer, maximal sechs Wochen geimpft werden. Kinder ab sechs Jahren und Erwachsene haben ca. eine Woche nach der zweiten Impfung einen Schutz für ca. zwei Jahre. Kinder von zwei bis sechs Jahren wird eine Auffrischimpfung nach sechs Monaten empfohlen.

Zu beachten ist, das der Patient eine Stunde vor und eine Stunde nach der Impfung nichts essen und nichts trinken sollte. Der Impfstoff besteht aus zwei Teilen: Zuerst wird der Puffer (ein Brausegranulat) in Leitungswasser (kein kohlensäurehaltiges Wasser) gelöst, dann gibt man den Impfstoff dazu. Der jetzt trinkfertige Impfstoff riecht und schmeckt sehr süß.

Biotechnologisch hergestellte Impfstoffe enthalten schützend wirkende Erregerbestandteile, die nach gentechnischem Einbau des kodierenden (verschlüsselten) Gens aus Mikrobenzellen gewonnen werden. Beispielsweise wird auf diese Weise das in Hefezellen gebildete Oberflächenantigen des Hepatitis B-Virus (HBs-Antigen) produziert. So ist der **Hepatitis B-Impfstoff** zurzeit der einzige gentechnisch hergestellte Impfstoff. Bei dieser Impfung könnte eine Antikörperkontrolle (Titer) erforderlich werden.

Beachte:

Serologische Vor- und Nachtestungen zur Kontrolle des Hepatitis B-Impferfolgs sind bei der Regelimpfung im Kindes- und Jugendalter nicht erforderlich, wohl aber bei den in der STIKO angegebenen Indikations-Personengruppen (u. a. HB-gefährdete Personen im Gesundheitsdienst einschließlich Auszubildender bzw. Studenten sowie Reinigungspersonal).

Kombinationsimpfstoffe haben den Vorteil, mit einem »Stich« gleichzeitig gegen mehrere Krankheiten zu schützen (z. B. der 6-fach-Tot-Impfstoff für Kinder gegen Diphtherie, Tetanus, Pertussis, Hib, Polio und Hepatitis B **oder** der 3-fach-Lebend-Impfstoff gegen Masern, Mumps und Röteln).

Begleitsubstanzen in Impfstoffen

Neben dem Impfantigen enthält jeder Impfstoff noch weitere Substanzen. Sie dienen der Stabilisierung, der Konservierung bzw. Kontaminationsreduktion und auch der Erhöhung der Wirksamkeit. Selten lösen diese Begleitstoffe Nebenwirkungen, z. B. allergische Reaktionen, aus. Jeder Impfstoffhersteller bemüht sich darum, Impfstoffe möglichst rein (»pur«), d. h. ohne Begleitsubstanzen zu produzieren.

Merke

- Bevor ein neuer Impfstoff durch das Paul-Ehrlich-Institut (PEI) zugelassen wird, muss er seine Unschädlichkeit und Wirksamkeit in klinischen Studien erweisen.
- Das gilt auch für jede neue Impfstoffkombination.
- Alle modernen Impfstoffe dürfen als unschädlich gelten.

Jetzt sind Sie dran!

(Lösungen auf Seite 128)

1. Welche Impfstoffe müssen in der Kühlkette gelagert werden?

____

2. Welcher Impfstoff enthält vermehrungsfähige Erreger?

____

3. Wie lange dürfen kühlkettenpflichtige Impfstoffe außerhalb der Kühlkette gelagert werden?

____

4. Wie lange dürfen Präparate ohne Kühlkettenpflicht bei Raumtemperatur gelagert werden?

____

7.6 Adsorbatimpfstoffe

Das sind Impfstoffe, bei denen das Impf-Antigen an eine Substanz (= Adjuvans), z. B. Aluminiumsalze, gebunden wird, um die Wirksamkeit zu erhöhen. Ohne diese Unterstützung müsste das Antigen in sehr viel größerer Menge pro Dosis eingewogen werden. Das Tetanus-Toxoid z. B. in ca. 100facher Menge, so dass es Probleme mit der Verträglichkeit geben könnte.

Bei **tiefer** i. m. Injektion ist der Impfstoff gut verträglich.

Bei **zu flacher** Injektion kommt es durch eine unspezifische Reizung der Hautnerven zu lokalen Beschwerden.

Schon bei Lagerung um den Gefrierpunkt verklumpt das Adjuvans (nicht mehr rückgängig zu machen). Dies kann zu lokalen Unverträglichkeits-Reaktionen führen und wird von Patienten als sehr unangenehmes, langwieriges Ereignis empfunden.

Die Ablehnung weiterer Impfungen könnte darin ihre Ursache haben.

Zu den **Adsorbat-Impfstoffen** zählen die Impfung gegen:

- Diphtherie
- FSME
- Hepatitis A
- Hepatitis B
- Hib
- Tetanus

Anwendungstipps

- **Adsorbatimpfstoffe**, die durch das Adjuvans von Natur aus trüb sind, und **resuspendierte** (= zurückverflüssigte) **Lyophilisate** (= gefriergetrocknete Impfstoffe) müssen vor der Applikation (= Gabe) **aufgeschüttelt** werden, damit eine gleichmäßige Verteilung des Antigens erreicht wird. Andernfalls besteht die Gefahr, dass nur das Lösungsmittel injiziert wird.
- Adsorbatimpfstoffe sollten stets mit einer **trockenen Kanüle** geimpft werden, da sonst Adjuvans an der Kanülenwand zu schmerzhaften Lokalreaktionen und evtl. Fremdkörper-Granulomen (Gewebeneubildung, Geschwulst) führen kann.
- Die Gabe von Adsorbat-Impfstoffen **in das subkutane Fettgewebe** schränkt den Impferfolg ein, das heißt, der Titer fällt in solchen Fällen nicht so hoch wie gewünscht aus.

7.7 Immunglobuline …

- sind Präparate mit fertigen **Antikörpern.**
- werden auch Serum (Mehrzahl: Sera) genannt.
- werden zur **passiven** Immunisierung verwendet.
- werden gegeben, wenn sich der Patient evtl. infiziert hat und gegen diese Infektionskrankheit keinen Impfschutz hat.
- **wirken nur kurzfristig**, weil der Körper sie als »körperfremd« erkennt und wieder abbaut.
- sind **teuer.**
- sollten die **Ausnahme** sein (besser: aktive Impfung).
- Man unterscheidet **homologe oder humane** (vom Menschen stammende) und **heterologe** (nicht vom Menschen stammende) Immunglobulin-Präparate.
- werden gesondert ganz hinten im gelben Impfausweis dokumentiert.
- Die Dokumentation im Impfausweis und in der Praxisdokumentation (Kartei, PC) wird noch durch eine Dokumentation nach dem Transfusionsgesetz (TFG) ergänzt (siehe Kapitel 8.5).

2006 im Handel befindliche **humane Sera:**

1. Beriglobin® (gegen Hepatitis A; danach sollte ein Patient 3 Monate lang nicht geimpft werden)
2. Berirab® (gegen Tollwut-Virus)
3. Hepatect CP® (gegen Hepatitis B)
4. Hepatitis-B-Immunglobulin Behring® (gegen Hepatitis B)
5. Rhesogam® (gegen Rh_0(D)-Erythrozyten)
6. Rhophylac® 300 (Anti-D-Immunglobulin)
7. Tetagam® N (gegen Tetanus)
8. Tetanobulin (gegen Tetanus)
9. Tollwutglobulin Mérieux® P (gegen Tollwut)
12. Varicellon® (gegen Varizellen)
13. Varitect® CP (gegen Varizellen)

Sie werden im Impfausweis auf S. 18 (ältere Modelle Ausweis DGK) bzw. S. 17 (aktuellstes Modell Ausweis DGK) bzw. auf Seite 31 (Ausweis Chiron Behring) als **passive Immunisierung** eingetragen.

Heterologe Sera/Seruminjektionen
Der Patient erhält eine Injektion mit Antikörpern, die sich in einem Tier nach Antigengabe gebildet haben. Solche Verabreichungen sind mittlerweile **sehr** selten, deshalb sieht der Impfausweis dafür auch nur wenig Platz vor. Im gelben Impfausweis DGK auf S. 19, Chiron Behring auf S. 30.

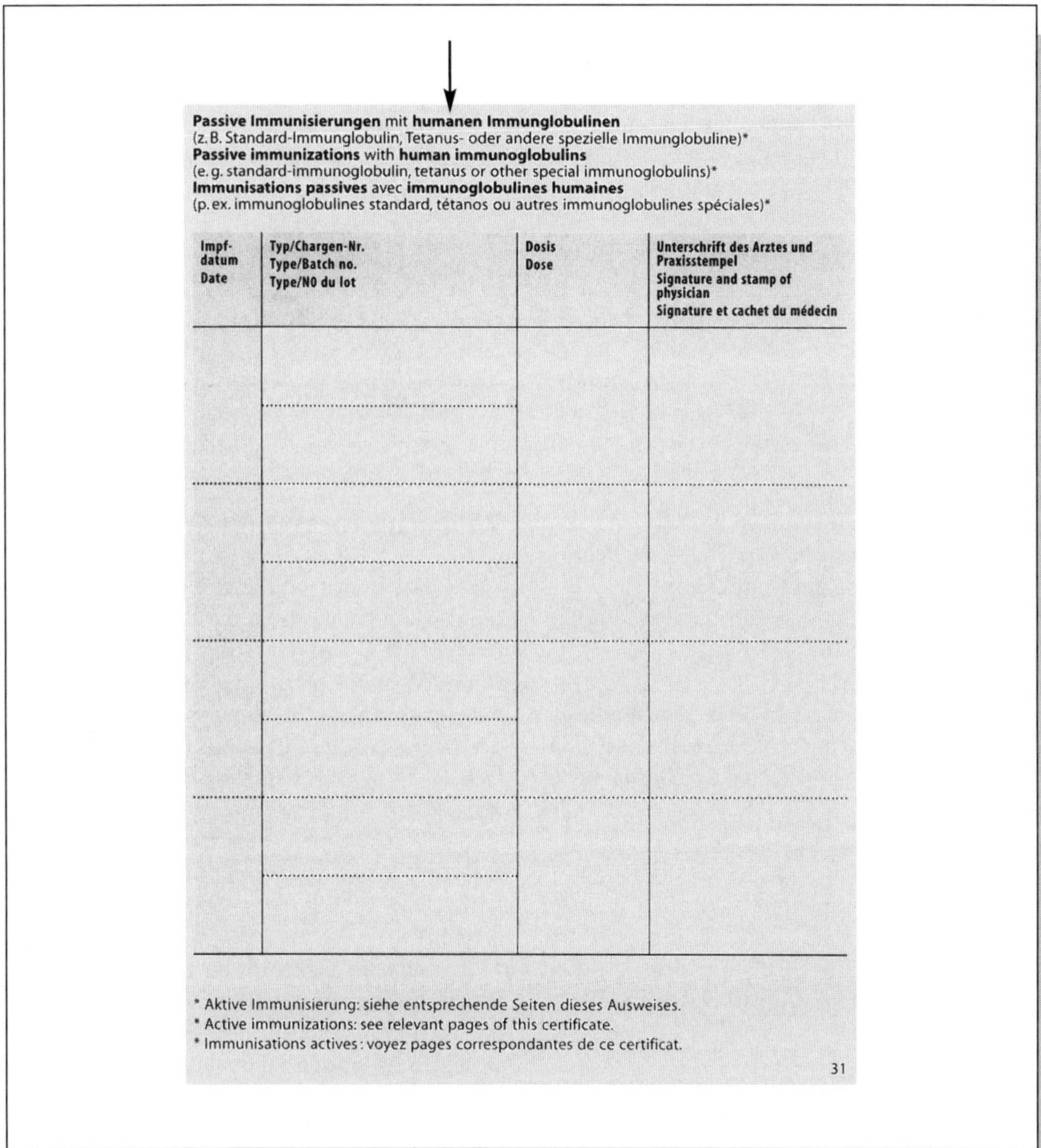

Passive Immunisierungen mit **humanen Immunglobulinen**
(z. B. Standard-Immunglobulin, Tetanus- oder andere spezielle Immunglobuline)*
Passive immunizations with **human immunoglobulins**
(e. g. standard-immunoglobulin, tetanus or other special immunoglobulins)*
Immunisations passives avec **immunoglobulines humaines**
(p. ex. immunoglobulines standard, tétanos ou autres immunoglobulines spéciales)*

Impf-datum Date	Typ/Chargen-Nr. Type/Batch no. Type/NO du lot	Dosis Dose	Unterschrift des Arztes und Praxisstempel Signature and stamp of physician Signature et cachet du médecin

* Aktive Immunisierung: siehe entsprechende Seiten dieses Ausweises.
* Active immunizations: see relevant pages of this certificate.
* Immunisations actives : voyez pages correspondantes de ce certificat.

31

Impfausweis Chiron Behring, Seite 31

Seruminjektion / Serum injection / Séro-injections Heterologe Sera (z. B. vom Pferd) / Heterologuous sera (e. g. from horses) / Sérums hétérologues (p. ex. de chevaux)

Impf-datum Date	Typ Type	Handelsname und Chargen-Nr. (Chargenaufkleber) Name of vaccine and batch no. Nom du vaccin et numéro du lot	E/ml* Dosis Dose	Unterschrift des Arztes und Praxisstempel Signature and stamp of physician Signature et cachet du médecin

30

* Einheit. / Unit. / Unité.

Impfausweis Chiron Behring, Seite 30

Als heterologe Seren kommen in Frage:

1. Botulismus-Antitoxin (vom Pferd), Fa. Behring
2. Diphtherie-Antitoxin (vom Pferd)
3. Schlangengift-Immunserum Europa, Import-Arzneimittel

Diese Präparate sind **nicht** über die Apotheken erhältlich, sondern nur in speziellen »**Notfalldepot-Apotheken**«. Sie finden die Anschriften in der Roten Liste.

Beachte:
Da der Mensch Antikörper gegen die fremden Immunglobuline eines Tieres bildet, darf ein Patient kein zweites Mal mit dem gleichen Immunglobulin-Präparat von derselben Tierart behandelt werden.

7.8 Fachinformationen (FI)

Fachinfomationen sind auch Gebrauchsinformationen (und damit erweiterte Beipackzettel) eines Arzneimittels, bzw. eines Impfstoffes oder eines Immunglobulins. Man erhält sie von den Pharmareferenten der Herstellerfirma **oder** zentral von der BPI Service GmbH, Fachinfo-Service, Postfach 12 55 in 88322 Aulendorf. Fachinformationen werden von den Firmen ständig aktualisiert. Welche Ausgabe man vor sich liegen hat, erkennt man am **Datum**, das auf der **Deckblattseite** ganz unten links seitlich steht, oder unter Punkt 18 der FI.

Es empfiehlt sich, auch im Rahmen des in die Praxen Einzug haltenden Qualitätsmanagements, die Fachinformationen für Impfstoffe **in einer separaten Mappe zu sammeln und diese ständig zu aktualisieren.** So verfügen Sie immer über alle nötigen Informationen des Impfstoffes, auch wenn Sie zurzeit diesen Impfstoff nicht in Ihrem Kühlschrank haben. Auch die STIKO legt die

Fachinformationen in der Einhaltung der Impfabstände zugrunde.

Alle FIs sind identisch aufgebaut. Sie enthalten folgende Angaben:

1. Bezeichnung des Arzneimittels
2. Verschreibungsstatus/Apothekenpflicht
3. Zusammensetzung des Arzneimittels

3.1 Stoff- oder Indikationsgruppe

3.2 Bestandteile nach der Art und arzneilich wirksame Bestandteile nach Art und Menge

4. Anwendungsgebiete
5. Gegenanzeigen (Kontraindikationen)
6. Nebenwirkungen
7. Wechselwirkungen mit anderen Mitteln
8. Warnhinweise
9. Wichtigste Inkompatibilitäten (Unverträglichkeiten mit anderen Medikamenten)
10. Dosierung mit Einzel- und Tagesangaben
11. Art und Dauer der Anwendung
12. Notfallmaßnahmen, Symptome und Gegenmittel
13. Pharmakologische und toxikologische Eigenschaften, Pharmakokinetik und Bioverfügbarkeit, soweit diese Angaben für die therapeutische Verwendung erforderlich sind (siehe Wörterverzeichnis)
14. Sonstige Hinweise
15. Dauer der Haltbarkeit
16. Besondere Lager- und Aufbewahrungshinweise
17. Darreichungsform und Packungsgrößen
18. Stand der Information
19. Name oder Firma und Anschrift des pharmazeutischen Unternehmers

Muster-FI siehe S. 61

Jetzt sind Sie dran!

(Lösungen auf Seite 128)

1. Wie lang die Impfabstände bei jedem einzelnen Impfstoff sind, ist leider unterschiedlich, aber immer im Beipackzettel des Impfstoffs oder in der Fachinformation nachzulesen. Unter welchem Punkt?

---

2. Von wem erhalten Sie die Fachinformationen? (A: 2)

A Vom Robert-Koch-Institut (RKI)
B Vom Paul-Ehrlich-Institut (PEI)
C Von der Ständigen Impfkommission (STIKO)
D Vom Impfstoff-Hersteller
E Vom Bundesverband der pharmazeutischen Industrie (BPI)

3. Was kann man in den FI *nicht* nachlesen? (A:1)

A Die Impfabstände
B Die Zusammensetzung des Impfstoffes
C Das Anwendungsalter des Patienten
D Den Preis des Impfstoffs

Notizen

8 Dokumentation

8.1 Vignetten

Was sind Vignetten?
Auf der Impfstoff-Ampulle kleben oft **2 kleine Etiketten,** die man abziehen kann. Diese Aufkleber heißen **Vignetten** oder **Chargen-Aufkleber.** Was eine Charge ist, wird in Kapitel 7.1.1 beschrieben.

Die **Vignette** enthält immer folgende **Angaben:**

- den Handelsnamen und die Chargen-Bezeichnung,
- evtl. die Dosis und den Hersteller.

PedvaxHIB Liquid
CH.-B.: 00 40 11 1 Dosis = 0,5 ml

Vignette (Beispiel)

Ein Etikett **klebt** man in den Impfausweis, das zweite ist für die Kartei des Patienten gedacht. (Siehe auch Kapitel 8.2, Dokumentation, Dokumentation per PC)

8.2 Dokumentation

Jede Schutzimpfung sollte unverzüglich in einen Impfausweis eingetragen werden und vom **Arzt selbst** unterschrieben werden. Falls der Patient mal behaupten sollte, keinen Arzt gesehen zu haben, beweist die Arztunterschrift das Gegenteil. Kann kein Impfausweis vorgelegt werden, sollte eine Impfbescheinigung ausgestellt werden (IfSG § 22 Impfausweis).

- Verwendet werden sollte nur noch der gelbe, internationale Impfausweis.
- Den kleinen blauen Ausweis des Deutschen Grünen Kreuzes stellt man nur dann aus, wenn der Patient zum Beispiel in einer Unfallsituation seinen Impfausweis nicht dabei hat. Er gilt dann als »Impfbescheinigung«.
- Mit »jede« Schutzimpfung ist auch die jährliche Grippeschutzimpfung gemeint. In einigen gelben Impfausweisen des Deutschen Grünen Kreuzes sind nur 5 Reihen zur Dokumentation vorhanden. Das sollte Sie nicht hindern, **jede** Grippe-Impfung zu dokumentieren.

Tipp:
Alternativ können Sie sich auch gelbe Impfausweise der Firma Chiron Behring besorgen, diese enthalten 25 Reihen für die Grippeschutzimpfung. Auch der neue Impfausweis des Deutschen Grünen Kreuzes hat jetzt Platz für 16 Grippe-Impfungen.

Merke

Der impfende Arzt hat den Inhalt der Impfbescheinigung auf Verlangen in den Impfausweis einzutragen. Im Falle seiner Verhinderung hat das Gesundheitsamt die Eintragung vorzunehmen (IfSG § 22 Impfausweis).

Das bedeutet: Wenn der Patient mit seinem Impfausweis in einer Arztpraxis bzw. im Gesundheitsamt erscheint, sollten die Daten aus dem kleinen blauen Ausweis – am besten unaufgefordert! – in den gelben Pass übertragen werden. Der Arzt kann sie als selber durchgeführt abstempeln und unterschreiben. Er sollte den kleinen Ausweis einbehalten und noch einige Zeit – im Zweifel 10 Jahre – archivieren.

BEACHTEN SIE BEI DER DOKUMENTATION IM IMPFAUSWEIS:

- Dokumentenechten Stift verwenden.
- Druckbuchstaben für die Personalien.
- Saubere Schreibweise.
- Datum, Schreibweise: 28.06.2005 oder 2005-06-28.
- Uhrzeit angeben nur bei der Hepatitis B-Impfung von Neugeborenen unmittelbar nach der Geburt (siehe Kapitel 4.3).
- Handelsname + Chargen-Bezeichnung entweder sauber abschreiben oder Vignette kleben.
- Ankreuzen, gegen welche Krankheit geimpft wurde (großes, klares Kreuz).
- Entwerten Sie nicht benutzte Felder einer Reihe mit dem Lineal.
- Wenn Sie sich verschrieben haben: kein Tipp-Ex o. ä. verwenden, sondern Reihe mit Lineal entwerten (Dokument!).
- Stempeln Sie mit einem kleinen Praxisstempel, ohne Kassen-Nummer.
- Unterschrift durch Arzt/Ärztin.

Der Impfausweis oder die Impfbescheinigung muss über jede Schutzimpfung enthalten (IfSG § 22, Impfausweis):

1. Datum der Schutzimpfung
2. Bezeichnung (Handelsname) **und** Chargen-Bezeichnung des Impfstoffes
3. Name der Krankheit, gegen die geimpft wird
4. Namen und Anschrift des impfenden Arztes
5. sowie **Unterschrift des impfenden Arztes** oder Bestätigung der Eintragung des Gesundheitsamtes

In älteren Impfausweisen finden Sie häufig keinen Handelsnamen und schon gar keine Chargen-Bezeichnung eingetragen. Das ist normal, da früher die Dokumentation nicht so wie heutzutage gehandhabt werden musste. Beim Übertragen dieser Impfungen in ein neues Impfbuch entwerten Sie das Vignettenfeld oder tragen Sie dort ein Fragezeichen ein. Da Nebenwirkungen von Impfungen meist in zeitlichem Zusammenhang mit der Impfung auftreten, ist so mit keinerlei negativen Konsequenzen für den Impfling (oder die jetzt übertragende Arztpraxis) zu rechnen.

Beachten Sie bei der Dokumentation per PC:
Es sind die Daten der Vignette in den PC zu **übertragen.** Dabei besteht immer die Gefahr von **Schreibfehlern**, die für den Patienten nachteilige Folgen haben könnten:

1. Falls später Fragen zur Wirksamkeit und Sicherheit bestimmter Impfstoffe oder einzelner Impfstoff-Chargen aufkommen, wäre dieses nicht sicher gewährleistet. Siehe auch Chargenrückruf (Kapitel 7.1.1).
2. Der Geimpfte hat bei Impfschäden Anspruch auf Entschädigung.
   - Der Antrag ist beim zuständigen Versorgungsamt/Amt für soziale Dienste zu stellen (siehe auch STIKO, »Vorgehen bei unerwünschten Arzneimittelwirkungen«).
   - Bei Fragen zu möglichen Impfschäden wendet man sich an das Gesundheitsamt.

Deshalb sollte die **zweite Vignette** nicht weggeworfen werden, sondern zusätzlich in ein »Praxis-Vignetten-Buch« eingeklebt werden. (Keine Pflicht, aber sehr hilfreich.)

Merke

Durch Verwendung der Vignetten vermeidet man Übertragungsfehler!

Beispiel für ein Praxis-Vignetten-Buch:

Datum	Patient	Td	IPV	HB	...
02.08.05	Stolten, Jens	Td-pur Ch.-B. 666			
03.08.05	2543			Engerix Ch.-B. 876	

Achten Sie bei Ihrer Tabelle darauf, die Felder so zu gestalten, dass man Vignetten einkleben kann.

Vorteil: Bei Rückruf-Aktionen eines Impfstoffes hat man so schnell die Möglichkeit, zu erkennen:

- ob in der Praxis überhaupt ein Patient diesen Impfstoff bekam,
- wenn ja: wer diesen Impfstoff bekam und wann.

Dokumentation des Titers im Impfausweis: Senden Sie mit der Blutprobe auch den Impfpass in das Labor ein oder tragen Sie selber das Ergebnis in den Ausweis ein. Verwenden Sie dabei Ihren Arztstempel. Beachten Sie, dass der Arzt bei Ihren Übertragungsfehlern mit seiner Unterschrift haftet!

Jetzt sind Sie dran!

(Lösungen auf Seite 128)

1. Welchen Impfpass sollten Sie für die Patienten ausstellen? (A: 1)

A kleinen, blauen Pass
B weißen Pass
C gelben Pass

2. Welchen Vorteil hat dieser Pass?

---

3. Sie wollen einen neuen gelben Impfpass für einen Patienten ausstellen. Welche Schreibweise ist für die Personalien am besten? (A: 1)

A Schreibschrift
B Druckbuchstaben
C Das ist egal

4. Muss im Impfausweis die Chargen-Bezeichnung angegeben werden? (A: 1)

A Ja
B Nein

5. Ein Patient besteht auf die Eintragung seiner Polio-Impfung in seinen alten weißen Impfausweis. In welche Spalte im Impfpass wird die IPV-Impfung eingetragen?

A Bereich ⑥/Spalte: Polio oral
B Bereich ⑦/Spalte: Polio SALK

6. Die Eintragung sollte heutzutage nur noch im gelben, internationalen Ausweis erfolgen. Auf welcher Seite (je nach Platz) tragen Sie eine Polio-Impfung ein?

---

7. **Dokumentieren Sie die eben durchgeführte Polio-Impfung mit: »IPV-Virelon«, Chargen-Nr.: A 123 456 und im Ausweis darunter eine auch heute durchgeführte Hepatitis B-Impfung. Handelsname: HBVAXPRO TM 10 Mikrogramm/ml, Chargen-Nummer: HZ 1234.**

Dokumentation über Impfung gegen:
Handelsname und Chargennummer des Impfstoffes in die entsprechende Spalte eintragen bzw. Chargenaufkleber anbringen; **entsprechende Impfung ankreuzen.**

Impf-datum Date	Handelsname und Chargen-Nr. des Impfstoffes (Chargenaufkleber) Manufacturer and batch no. of vaccine Fabricant du vaccin et numéro du lot	Tetanus Tétanos	Diphtherie Diphtheria Diphtérie	Poliomyelitis Poliomyélite	Pertussis Coqueluche

6

Certificate of vaccinations against: Please enter the name of vaccine and the batch no. into the corresponding column; stick in the vignette; **mark with a cross the respective vaccination.**
Certificat de vaccinations contre: inscrivez le nom du vaccin ainsi que le numéro du lot dans la colonne correspondante; collez la vignette; **marquez d'une croix la vaccination respective.**

Handelsname und Chargen-Nr. des Impfstoffes (Chargenaufkleber) Manufacturer and batch no. of vaccine Fabricant du vaccin et numéro du lot	Haemophilus influenzae b (Hib)	Hepatitis B Hépatite B	Unterschrift des Arztes und Praxisstempel Signature and stamp of physician Signature et cachet du médecin

7

Dokumentation über Impfung gegen:
Handelsname und Chargennummer des Impfstoffes in die entsprechende Spalte eintragen bzw. Chargenaufkleber anbringen; **entsprechende Impfung ankreuzen.**

Impf-datum Date	Handelsname und Chargen-Nr. des Impfstoffes (Chargenaufkleber) Manufacturer and batch no. of vaccine Fabricant du vaccin et numéro du lot	Tetanus Tétanos	Diphtherie Diphtheria Diphtérie	Poliomyelitis Poliomyélite	Pertussis Coqueluche

6

Certificate of vaccinations against: Please enter the name of vaccine and the batch no. into the corresponding column; stick in the vignette; **mark with a cross the respective vaccination.**
Certificat de vaccinations contre: inscrivez le nom du vaccin ainsi que le numéro du lot dans la colonne correspondante; collez la vignette; **marquez d'une croix la vaccination respective.**

Handelsname und Chargen-Nr. des Impfstoffes (Chargenaufkleber) Manufacturer and batch no. of vaccine Fabricant du vaccin et numéro du lot	Haemophilus influenzae b (Hib)	Hepatitis B Hépatite B	Unterschrift des Arztes und Praxisstempel Signature and stamp of physician Signature et cachet du médecin

7

8.3 Fehlende Impfdokumentation

> Häufig ist der Arzt damit konfrontiert, dass Impfdokumente fehlen, nicht auffindbar oder lückenhaft sind. Dies ist kein Grund, notwendige Impfungen zu verschieben, fehlende Impfungen nicht nachzuholen oder eine Grundimmunisierung nicht zu beginnen.
>
> Von zusätzlichen Impfungen bei bereits bestehendem Impfschutz geht kein besonderes Risiko aus. Dies gilt auch für Mehrfachimpfungen mit Lebendvirusimpfstoffen.

Auszug aus: Empfehlungen der Ständigen Impfkommission (STIKO), Stand: Juli 2005

Hat ein Patient seinen **Impfausweis verloren,** stellen Sie ihm einen neuen, gelben, internationalen Pass aus. Sehen Sie in der Kartei bzw. im PC nach, ob dort Impfungen eingetragen sind, und notieren Sie diese im Ausweis. Fragen Sie notfalls bei anderen Hausärzten des Patienten nach, ob dort noch Impfeintragungen vorhanden sind. Ergänzen Sie diese ebenfalls im Impfausweis. Nun entscheidet der Arzt nach Alter, Beruf und Indikationen des Patienten, welche Impfungen noch fehlen, bzw. welche ergänzt werden sollten. Auch eine fehlende Grund-Immunisierung kann jederzeit begonnen werden.

Merke

Nur dokumentierte Impfungen zählen. Selbst wenn jetzt eine Impfung doppelt ausgeführt wird (weil sie nicht schriftlich nachgewiesen werden konnte), besteht für den Patienten kein Risiko.

Das bedeutet für Sie: Im Zweifelsfalle wird dem Patienten eine sofortige Impfung vorgeschlagen.

Jetzt sind Sie dran!

(Lösungen auf Seite 129)

1. **Im Pass von Frau Meyer (45 Jahre) stehen 2 Tetanus und 3 Polio-Eintragungen. Mehr leider nicht. Die Patientin meint zwar, sich erinnern zu können, schon einmal zwei Impfausweise besessen zu haben, konnte aber bei aller Mühe nur noch diesen einen finden. Was sagt die STIKO zu diesem Punkt?**

**2. Beurteilen Sie Frau Meyers Impfschutz (bitte ankreuzen bzw. ausfüllen):
Hat die Patientin eine abgeschlossene Grund-Immunisierung gegen ...**

	ja	nein	Anzahl fehlender Impfungen
Tetanus			
Poliomyelitis			

3. Welche wichtige Standard-Impfung fehlt ihr?

8.4 Übertragung von Impf-Daten

- Nach dem IfSG (§ 22, Absatz 1) sind Sie verpflichtet, auf Wunsch des Patienten den Inhalt von Impfbescheinigungen (dazu zählt auch der kleine blaue Tetanus-Ausweis) in den gelben Impfausweis zu übertragen. Bei Ihrer Verhinderung hat das Gesundheitsamt die Eintragung vorzunehmen.
- **Impfausweise, die schon sehr stark benutzt wurden**, können gerne erneuert werden.
- Hat ein Patient mehrere Ausweise, so können Sie diese gerne zusammenfügen und daraus einen neuen machen.
- Übertragen Sie einfach alle Impfungen in einen aktuellen Impfausweis und stempeln Sie diese als von Ihnen durchgeführte Impfungen ab.

Vermeiden Sie Übertragungsfehler, der unterzeichnende Arzt haftet für die Richtigkeit der dokumentierten Impfungen. Sollten Sie in Sorge sein, haften zu müssen, so seien Sie beruhigt: Die Impfung wurde von einem Arzt unterzeichnet, also auch durchgeführt und hat wahrscheinlich keine Nebenwirkungen hinterlassen.

Wichtig ist, dass Sie beim Übertragen **keine Impfung vergessen** und alle Chargen-Bezeichnungen, wenn überhaupt vorhanden, richtig übernehmen.

Früher war es nicht üblich, auch den Handelsnamen und die Chargen-Bezeichung einzutragen. Entwerten Sie dann das entsprechende Feld, oder setzten Sie ein Fragezeichen dort ein.

Wenn Sie beim Übertragen unsauber geschriebener Daten oder kaum noch lesbarer Daten unsicher sind, setzen Sie zum Stempel noch ein Zeichen, z. B. [*] und schreiben (irgendwo auf die Seite) gut lesbar:

> * = Übertragen aus Impfpass von Dr. x y,
> z. B. aus Hamburg

Heben Sie die alten Dokumente für Rückfragen in Ihrer Praxis **auf**.

Das ist sicher viel Arbeit, aber Sie haben dafür einen schönen, übersichtlichen Impfausweis und werden den sicher gerne wieder einfordern, um den Impfstatus später wieder zu überprüfen.

Ansonsten gelten die gleichen Regeln wie unter Kapitel 8.2 Dokumentation: Dokumentenechter Stift, nicht gebrauchte Felder in der Reihe mit dem Lineal entwerten, ...

Jetzt sind Sie dran!

(Lösungen auf Seite 129)

Übertragen Sie die Daten aus einem alten Pass (siehe unten) in einen gelben Impfausweis, so dass der Arzt den Pass nur noch zu unterschreiben braucht. Für diese Übung können Sie gerne den Pass auf Seite 105 verwenden.

<table>
<tr><th>Impfdatum</th><th>Handelsname</th><th>Tetanus</th><th>Polio</th><th>Stempel und Unterschrift des Arztes</th></tr>
<tr><td>17.5.1960</td><td rowspan="3">Fehlt er in einem Ausweis, so übertragen Sie entweder ein »Fragezeichen« oder entwerten Sie das Feld.</td><td>X</td><td>X</td><td>Dr. med K. Lahann
Eutiner Str. 8
2400 Lübeck</td></tr>
<tr><td>24.7.1960</td><td>X</td><td>X</td><td>Dr. med K. Lahann
Eutiner Str. 8
2400 Lübeck</td></tr>
<tr><td>13.9.1961</td><td></td><td>X</td><td>Dr. med Eike Siemonsen
Kieler Weg 1
2360 Bad Segeberg</td></tr>
</table>

8.5 Dokumentation nach dem Transfusionsgesetz (TFG)

Nach dem Transfusionsgesetz vom **Juli 1998** sind Arztpraxen/Kliniken zu einer **separaten Dokumentation** bei Gabe aller Arzneimittel zur passiven Immunisierung (= Immunglobuline/Sera) verpflichtet.

Das Gesetz gilt auch bei Gabe von Sera aus menschlichem Blut und gentechnisch hergestellten Plasmaproteinen. Dieses betrifft zum Beispiel die Gabe von (Quelle: Rote Liste 2006):

- Beriglobin® (Hepatitis A Antikörper)
- Berirab® (Tollwut-Antikörper)
- Hepatect® CP (Hepatitis B Antikörper)
- Hepatitis B Immunglobulin Behring (Hepatitis B-Antikörper)
- Rhesogam® (bei Blutgruppenunverträglichkeit)
- Rhophylac® 300 (Anti D-Antikörper)
- Tetagam® N (Wundstarrkrampf Antikörper)
- Tetanobulin S/D 250 I.E. (Wundstarrkrampf Antikörper)
- Tollwutglobulin Mérieux® P (Tollwut-Antikörper)
- Varicellon® (Windpocken Antikörper)
- Varitect® CP (Windpocken Antikörper)

Die Dokumentation ist **15 Jahre lang aufzubewahren** und beinhaltet:

- Datum
- Uhrzeit
- Bezeichnung des Fertigarzneimittels/Pharmazeutischer Unternehmer
- Darreichungsform/Packungsgröße
- Chargen-Nummer
- Endverbleib:
  Name, Vorname, Geburtsdatum und Anschrift des Patienten, gegebenenfalls die PC-Patienten-Nummer.
- Auch die Rückgabe von Immunglobulinen an den Lieferanten oder die Vernichtung sind in diesem Formular zu dokumentieren.

Für das Formular gibt es keine Formvorschriften, erstellen Sie sich einfach eine Tabelle, am besten im DIN-A4-Querformat, und beschriften Sie die Spalten wie oben beschrieben. Lassen Sie sich rechts oben Platz für eine Seitenzahl oder die laufende Nr. des Blattes, die Sie nach dem Kopieren des Blattes einfügen. Heften Sie dann alles griffbereit in einen Ordner »Dokumentation nach TFG«.

Merke

Die Gabe von Immunglobulinen (= fertige Antikörper) wird folgendermaßen dokumentiert:

- im Impfausweis des Patienten **und**
- in der Kartei/im PC des Arztes **und**
- noch einmal gesondert erfasst (siehe Tabelle oben)
- Dieser Zettel ist 15 Jahre lang aufzubewahren.

Dokumentation für Sera aus menschlichem Blut und gentechnisch hergestellten Plasmaproteinen

Lfd. Nr.: des Blattes

Datum	Uhrzeit	Pharmazentralnummer oder Bezeichnung des Fertigarzneimittels/ Pharmazeutischer Unternehmer	Darreichungsform/ Packungsgröße	Chargen- bezeichnung	Endverbleib*: Name, Vorname, Geburtsdatum und Anschrift des Patienten	Patienten- Nummer

* Die Spalte 6 kann bei Bedarf auch zur Dokumentation der Rückgabe an den Lieferanten oder der Vernichtung verwendet werden

Dokumentation für Sera aus menschlichem Blut und gentechnisch hergestellten Plasmaproteinen

Jetzt sind Sie dran!

(Lösungen auf Seite 130)

1. **Bitte dokumentieren Sie im gelben Impfausweis die heutige Tetagam N Immunisierung. Ch.-B.: 14 20 51 F. Es handelt sich dabei um ein humanes Immunglobulin. Dosis: 1 ml, Hersteller: ZLB Behring, N 1 Packung (1 Ampulle mit 1 ml). Sie wird im Impfausweis auf S. 31 (Ausweis Chiron Vaccines) bzw. S. 18 (Ausweis DGK) als passive Immunisierung eingetragen. Verwenden Sie für diese Übung bei Bedarf gerne den Pass aus Kapitel 7.7, Seite 97.**

2. **Erstellen Sie für Ihre Praxis die Tabelle »Dokumentation für Sera aus menschlichem Blut und gentechnisch hergestellten Plasmaproteinen«!**

9 Impfreaktionen

9.1 Impfreaktionen

Schon in den Vorbemerkungen der STIKO steht:

> Impfungen gehören zu den wirksamsten und wichtigsten präventiven Maßnahmen der Medizin. Moderne Impfstoffe sind gut verträglich; bleibende unerwünschte gravierende Arzneimittelwirkungen werden nur in ganz seltenen Fällen beobachtet.

Auszug aus: Empfehlungen der Ständigen Impfkommission (STIKO), Stand: Juli 2005

Die **aktive Schutzimpfung** hat den **Vorteil**, dass der Zeitpunkt der Impfung meist selbst gewählt werden kann und der Impfstoff nicht zur Krankheit führt. Eine Ausnahme sind die Impfungen mit Lebendimpfstoffe gegen Masern, Mumps, Röteln und Varizellen. Hier kann es nach der Impfung sehr wohl zu einer **leicht** verlaufenden Impfkrankheit kommen.

> *Lokalreaktionen* wie Rötung, Schwellung und Schmerzhaftigkeit im Bereich der Injektionsstelle oder *Allgemeinreaktionen* wie z. B. Fieber (≤ 39,5 °C), Kopf- und Gliederschmerzen, Unwohlsein werden im Allgemeinen innerhalb der ersten 72 Stunden nach der Impfung beobachtet. 1 bis 4 Wochen nach der MMR-Impfung kann es zu einer leichten »*Impfkrankheit*« kommen, z. B. mit masern- oder mumpsähnlicher Symptomatik (Impfmasern, leichte Parotisschwellung) und erhöhten Temperaturen. Die prophylaktische Gabe von Antipyretika für den Zeitraum möglicher fieberhafter Impfreaktionen ist zu erwägen.
>
> Schwere unerwünschte Arzneimittelwirkungen nach Impfungen sind äußerst selten. Zeitgleich mit der Impfung auftretende Erkrankungen anderer Genese können als unerwünschte Arzneimittelwirkungen imponieren, deshalb ist ein über die normale Impfreaktion hinausgehendes Vorkommnis unverzüglich differenzialdiagnostisch abzuklären.

Auszug aus: Empfehlungen der Ständigen Impfkommission (STIKO), Stand: Juli 2005

BEGRIFFE

Parotisschwellung: Ohrspeicheldrüsenschwellung

prophylaktisch: vorsorglich, vorbeugend

Antipyretika: fiebersenkende Arzneimittel

Genese: Entstehung, Entwicklung

differenzialdiagnostisch: Unterscheidung ähnlicher Krankheitsbilder

Damit sich Rötungen, Schwellungen und Schmerzen an der Injektionsstelle im Rahmen halten, geben Sie dem Patienten vor der Impfung Hinweise, den Arm am Impftag zu schonen, sich keinen körperlichen Belastungen auszusetzen, etc. (siehe Kapitel 3.3).

Machen Sie dem Patienten auch klar, das es sich dabei um ganz normale Reaktionen handelt, die eher gut zu bewerten sind, weil sie anzeigen, dass sich der Körper mit dem Impfstoff auseinandersetzt und die Antikörper-Produktion angeregt wird.

Sollte es zu verstärkten Impfreaktionen oder zu Nebenwirkungen kommen, wird der Arzt den Patienten untersuchen und abklären, ob der Patient sich zeitgleich mit einer anderen Erkrankung angesteckt haben könnte.

Jetzt sind Sie dran!

(Lösungen auf Seite 130)

1. Wie werden die Impfreaktionen unterteilt?

____

2. Ein Patient bekommt am Impftag abends leichtes Fieber (38,6 °C), außerdem ist sein Arm an der Injektionsstelle gerötet und etwas wärmer. Sind diese Reaktionen normal oder ungewöhnlich?

____

3. Antipyretika sind Arzneimittel gegen (A: 1)

A Fieber
B Kopfschmerzen
C Unwohlsein

3
A
B
C

9.2 Notfallkoffer

Auch wenn Sie bei Impfungen bisher noch nie einen Notfallkoffer* gebraucht haben, so sollte er aus Sicherheitsgründen immer einsatzbereit sein. Besonders wichtig darin sind Adrenalin- und Kortikosteroid-Präparate.

Bei der Ausstattung des Notfallkoffers ist zu beachten, dass jeder Arzt seinen Notfallkoffer, es kann auch ein Rollwagen sein, unter individuellen Aspekten bestückt (z. B. Medikamentenwahl).

Der Notfallkoffer ist in regelmäßigen Zeitabständen zu warten, Medikamente sind auf Verfallsdaten und die Geräte auf Funktionstüchtigkeit zu überprüfen. Nach jedem Einsatz sind fehlende Materialien zu vervollständigen. Hilfreich hierfür sind Checklisten, so dass jederzeit eine Kontrolle möglich ist.

- Kontrolle des Sauerstoffvorrates, Ladezustand der Batterien, Funktionstüchtigkeit des Laryngoskopes, des Absauggerätes, etc.
- Bei Medikamenten und steril verpackten Materialien ist auf das Haltbarkeitsdatum zu achten. Lagerung bei Raumtemperatur möglich?

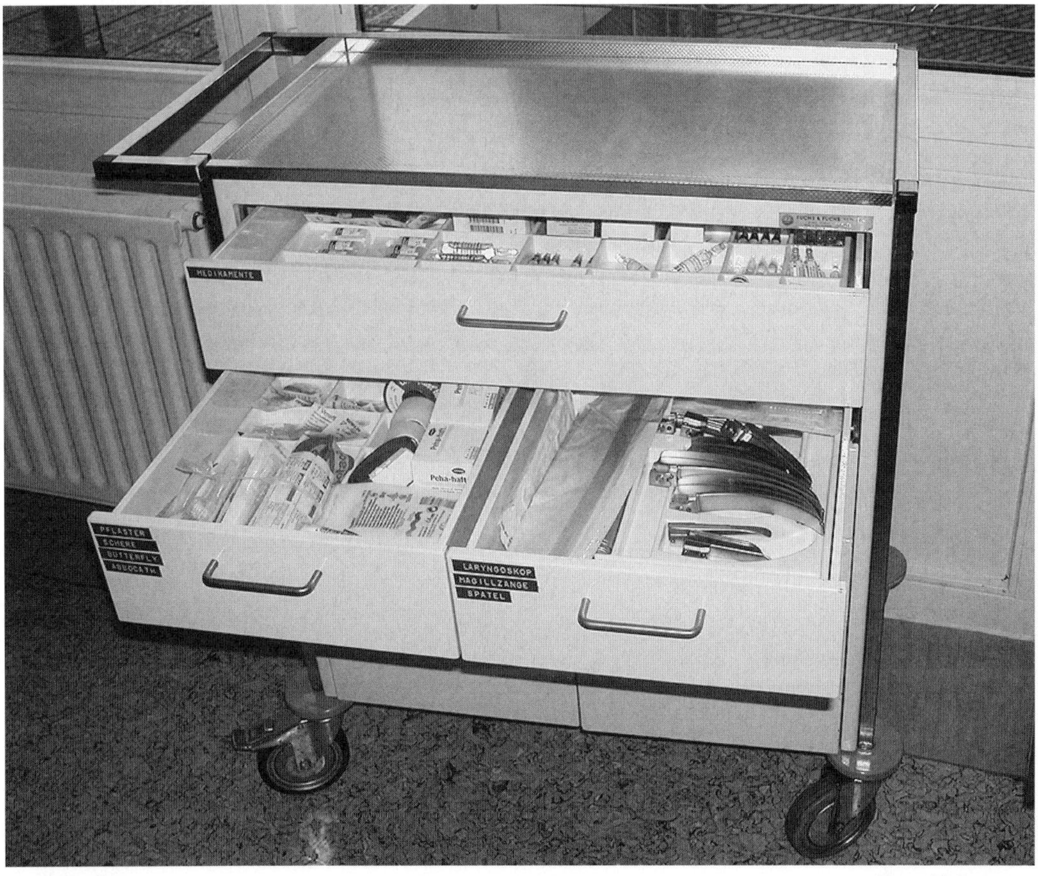

Notfallrollwagen *Foto: T. Sörensen*

* Ausführlichere Informationen erhalten Sie im Buch »Die Arzthelferin – Notfallbehandlung leicht gemacht!« von Thomas Sörensen

9.3 Vorgehen bei unerwünschten Arzneimittelwirkungen

> Der Verdacht einer über das übliche Ausmaß einer Impfreaktion hinausgehenden gesundheitlichen Schädigung ist umgehend an das Gesundheitsamt zu melden (Meldepflicht nach § 6 Abs. 1 Nr. 3 IfSG; Meldeformular beim Gesundheitsamt anfordern oder im Internet unter www.pei.de/uaw/ifsg.htm).
> Über unerwünschte Arzneimittelwirkungen ist auch die Arzneimittelkommission der Deutschen Ärzteschaft zu unterrichten. Die für diese Meldungen benötigten Formblätter werden regelmäßig im *Deutschen Ärzteblatt* veröffentlicht.
> Ebenso kann der Hersteller informiert werden.
> Die für die Klärung einer unerwünschten Arzneimittelwirkung relevanten immunologischen (z. B. zum Ausschluss eines Immundefektes) oder mikrobiologischen Untersuchungen (z. B. zum differenzialdiagnostischen Ausschluss einer interkurrenten Infektion) sollten unverzüglich eingeleitet werden. Dafür notwendige Untersuchungsmaterialien, z. B. Serum oder Stuhlproben, sind zu asservieren).
> Der Impfling oder seine Eltern bzw. Sorgeberechtigten sind auf die gesetzlichen Bestimmungen zur Versorgung nach Impfschäden hinzuweisen (IfSG §§ 60–64). Der Antrag auf Versorgung ist beim zuständigen Versorgungsamt zu stellen.

Auszug aus: Empfehlungen der Ständigen Impfkommission (STIKO), Stand: Juli 2005

BEGRIFFE

relevant: bedeutsam

interkurrente Infektion: dazukommende Infektion

asservieren: aufbewahren

Die **Arzneimittelkommission der deutschen Ärzteschaft (AkdÄ)** bittet darum, ihr alle beobachteten Nebenwirkungen (auch Verdachtsfälle) mitzuteilen. Sie können dafür den in regelmäßigen Abständen im Deutschen Ärzteblatt auf der vorletzten Umschlagseite abgedruckten Berichtsbogen verwenden oder diesen aus der AkdÄ-Internetpräsenz www.akdae.de abrufen.

Arzneimittelkommission der deutschen Ärzteschaft
Postfach 12 08 64, 10598 Berlin
Tel.: 030 / 400 45 65 00, Fax: 030/400 45 65 55,
E-Mail: info@akdae.de

Lesen Sie jetzt bitte erneut im Kapitel 2.2, § 60 (Versorgung bei Impfschaden) und § 61 (Gesundheitsschadensanerkennung).

Das Paul-Ehrlich-Institut (PEI) definiert auf dem Meldeformular »Bericht über Verdachtsfälle einer über das übliche Ausmaß einer Impfreaktion hinausgehenden gesundheitlichen Schädigung (Verdacht auf Impfkomplikation) nach IfSG«, was **übliche Impfreaktionen** sind und was danach **<u>nicht</u> meldepflichtig ist:**

1. **Das übliche Ausmaß nicht überschreitende,** kurzzeitig vorübergehende Lokal- und Allgemeinreaktionen, die als Ausdruck der Auseinandersetzung des Organismus mit dem Impfstoff anzusehen sind: z. B.

- Für die Dauer von 1–3 Tagen (gelegentlich länger) anhaltende Rötung, Schwellung oder Schmerzhaftigkeit an der Injektionsstelle.
- Fieber unter 39,5 °C (bei rektaler Messung), Kopf- und Gliederschmerzen, Mattigkeit, Unwohlsein, Übelkeit, Unruhe, Schwellung der regionären Lymphknoten.
- Symptome einer »Impfkrankheit« (1–3 Wochen nach der Impfung auftretend), z. B. leichte Parotisschwellung oder ein Masern bzw. Varizellen ähnliches Exanthem oder kurzzeitige Arthralgien (= Gelenkschmerzen) nach der Verabreichung von auf der Basis abgeschwächter Lebendviren hergestellten Impfstoffen gegen Mumps, Masern, Röteln oder Varizellen.

2. **Ausgenommen von der Meldepflicht** sind auch Krankheitserscheinungen, denen offensichtlich eine andere Ursache als die Impfung zugrunde liegt.

Eine namentliche Meldepflicht an das Gesundheitsamt besteht nach § 6 Abs. 1 Nr. 3 IfSG dann, wenn nach einer Impfung auftretende Krankheitserscheinungen in einem ursächlichen Zusammenhang mit der Impfung stehen könnten und über die oben genannten Impfreaktionen hinausgehen.

- Die namentliche Meldung durch einen Arzt ist **an das Gesundheitsamt** zu richten.
- Das Gesundheitsamt ist seinerseits verpflichtet, den gemeldeten Verdacht der zuständigen Landesbehörde und der zuständigen Bundesoberbehörde (= **PEI**) zu melden.
- Das Gesundheitsamt meldet auch an die Arzneimittelkommission der deutschen Ärzteschaft (AkdÄ)
- So kann das Gesundheitsamt die zur Klärung des Falles notwendigen Untersuchungen und Maßnahmen unverzüglich einleiten.
- Ebenso soll den Betroffenen durch das Gesundheitsamt Hilfe bei einem möglichen Entschädigungsverfahren angeboten werden.

Auch wenn sich der Verdacht später nicht bestätigt, fördert Ihre Meldung die Sicherheit der Impfstoffe: Die anonymisierten Daten werden im Rahmen der Beurteilung der Sicherheit der Impfstoffe genutzt. Im PEI werden die Daten medizinisch bewertet. Gegebenenfalls sind von hier aus die notwendigen Maßnahmen zur Risikoabwehr und -vorsorge einzuleiten.

Schutzimpfungen sind die wirksamste Methode, vor Infektionskrankheiten zu schützen. Dennoch ist nicht auszuschließen, dass eine Impfung in sehr seltenen Fällen selber zu einer Krankheit führen kann.

Für die Bewertung des Nutzens einer Impfung ist die umgehende Klärung von Verdachtsfällen einer ungewöhnlichen Impfreaktion unverzichtbar. Belastbare Aussagen über deren Häufigkeit und Ursache sind wichtige Argumente in der Diskussion um die Stärkung des Impfgedankens.

Sollte sich später der Verdacht nicht bestätigen, so ist dieses ebenfalls dem Gesundheitsamt zu melden (IfSG, § 8, Absatz 5).

IfSG § 22 Absatz 3:
Im Impfausweis ist in geeigneter Form auf das zweckmäßige Verhalten bei ungewöhnlichen Impfreaktionen und auf die sich gegebenenfalls aus den §§ 60 bis 64 ergebenden Ansprüche bei Eintritt eines Impfschadens sowie auf Stellen, bei denen diese geltend gemacht werden können, hinzuweisen.

Siehe gelber Ausweis Chiron Behring, S. 25, DGK S. 13.

Jetzt sind Sie dran!

(Lösungen auf Seite 130)

1. Wem *muss* der Verdacht einer über das übliche Ausmaß einer Impfreaktion hinausgehenden gesundheitlichen Schädigung gemeldet werden? (A: 2)

A Der STIKO
B Dem Arzneimittelhersteller
C Dem Versorgungsamt
D Dem Gesundheitsamt
E Der Arzneimittelkommission der deutschen Ärzteschaft (AkdÄ)
F Dem Robert-Koch-Institut (RKI)
G Dem Paul-Ehrlich-Institut (PEI)

2. Formblätter und Meldebögen hierfür erhält man: (A: 3)

A beim Verlag des Deutschen Ärzteblattes
B beim Gesundheitsamt
C im Internet
D im Heft des Deutschen Ärzteblattes
E beim Hersteller von Impfstoffen

3. Wem *kann* der Verdacht einer über das übliche Ausmaß einer Impfreaktion hinausgehenden gesundheitlichen Schädigung noch gemeldet werden? (A: 1)

A Der STIKO
B Dem Arzneimittelhersteller
C Dem Versorgungsamt
D Dem Gesundheitsamt
E Der Arzneimittelkommission der deutschen Ärzteschaft (AkdÄ)
F Dem Robert-Koch-Institut (RKI)
G Dem Paul-Ehrlich-Institut (PEI)

4. Wie meldet die Praxis dieses? (A: 1)

A Es gibt dafür kein Formblatt, also schreibt der Arzt »formlos«.
B Der Arzt ruft dort an.
C Der Arzt faxt den Sachverhalt unter Einhaltung der Schweigepflicht.
D Ankreuzen, wenn alle Antworten richtig sind.

9.4 Meldebögen

Meldeverpflichtungen eines Verdachtes einer über das übliche Ausmaß einer Impfreaktion hinausgehenden Schädigung nach dem Infektionsschutzgesetz (IfSG § 6 Abs. 1 Nr. 3 und § 11 Abs. 2, Quelle: Paul-Ehrlich-Institut):

Um die Meldung zu vereinfachen und gleichzeitig bundesweit zu vereinheitlichen, ist vom PEI in Absprache mit der STIKO und dem BMG (Bundesministerium für Gesundheit) ein Berichtsformblatt (siehe S. 118) entwickelt worden.

- Dieses Formblatt ist so entworfen worden, dass es vom meldenden Arzt zur Übermittlung eines Verdachtsfalles an das zuständige Gesundheitsamt genutzt werden kann.
- Das Gesundheitsamt kann eine Kopie oder einen Durchschlag des Berichtsbogens seinerseits an das PEI weiterleiten, um seinen Berichtspflichten zu entsprechen.
- Dabei ist allerdings zu beachten, dass personenbezogene Daten dem PEI nicht mitgeteilt werden dürfen. (Eine entsprechende farbliche Kennzeichnung und ein Hinweis findet sich auf dem Berichtsformblatt.)

Das Berichtsformblatt zur Meldung kann im Internet unter www.pei.de als pdf-Datei herunter geladen werden. Sie finden das Formblatt aber auch unter www.rki.de und unter www.akdae.de.

Die **Meldeverpflichtungen nach ärztlichem Standesrecht** gemäß Musterberufsordnung an die Arzneimittelkommission der deutschen Ärzteschaft (AkdÄ) in Köln bleiben unberührt.

- Die AkdÄ hat sich einverstanden erklärt, das obige Berichtsblatt auch für diese Meldeverpflichtung zu verwenden.
- **Um die Meldeverfahren zu vereinfachen, können Ärzte der AkdÄ den Meldebogen, der an das Gesundheitsamt gerichtet ist, in Kopie der AkdÄ zur Kenntnis geben**, soweit der meldende Arzt von dem Verdacht einer Nebenwirkung nach einer Impfung ausgeht.
- Es ist allerdings darauf zu achten, dass die Meldung aus Gründen des Datenschutzes hinsichtlich patientenbezogener Angaben (Angabe der Initialen, keine Angabe der Adresse des Impflings) zu anonymisieren ist.
- Damit kann der Meldebogen aus dem Deutschen Ärzteblatt entfallen.
- Er wird in ca. jeder zweiten Ausgabe des Ärzteblattes auf der festen Innenseite der Rückseite veröffentlicht. Nutzen Sie ihn für alle anderen Meldungen von Nebenwirkungen, etc.

Durch die hier geregelte Meldepflicht bleibt die gesonderte Antragstellung auf Entschädigung beim zuständigen Versorgungsamt **unberührt**.

Paul-Ehrlich-Institut
Bundesanstalt für Sera und Impfstoffe
Federal Agency for Sera and Vaccines

Paul-Ehrlich-Straße 51–59
D-63225 Langen
Postfach D-63207 Langen

Telefon 06103/77-0
Telefax 06103/77-123

Bericht über Verdachtsfälle einer über das übliche Ausmaß einer Impfreaktion hinausgehenden gesundheitlichen Schädigung (Verdacht auf Impfkomplikation) nach IfSG
(Die Meldeverpflichtung an die Arzneimittelkommission der deutschen Ärzteschaft bleibt unberührt)

Definition des Verdachts einer über das übliche Ausmass einer Impfreaktion hinausgehenden gesundheitlichen Schädigung (§6 Abs. 1, Nr. 3 IfSG):

Eine namentliche Meldepflicht an das Gesundheitsamt besteht nach §6 Abs. 1, Nr. 3 IfSG dann, wenn nach einer Impfung auftretende Krankheitserscheinungen in einem ursächlichen Zusammenhang mit der Impfung stehen könnten und über die nachfolgenden Impfreaktionen hinausgehen.
Nicht meldepflichtig sind das übliche Ausmaß nicht überschreitende, kurzzeitig vorübergehende Lokal- und Allgemeinreaktionen, die als Ausdruck der Auseinandersetzung des Organismus mit dem Impfstoff anzusehen sind: z.B.
- für die Dauer von 1–3 Tagen (gelegentlich länger) anhaltende Rötung, Schwellung oder Schmerzhaftigkeit an der Injektionsstelle
- Fieber unter 39.50C (bei rektaler Messung), Kopf- und Gliederschmerzen, Mattigkeit, Unwohlsein, Übelkeit, Unruhe, Schwellung der regionären Lymphknoten
- oder im gleichen Sinne zu deutende Symptome einer ‚Impfkrankheit' (1–3 Wochen nach der Impfung), z. B. leichte Parotisschwellung oder ein Masern- bzw Varizellen ähnliches Exanthem oder kurzzeitige Arthralgien nach der Verabreichung von auf der Basis abgeschwächter Lebendviren hergestellten Impfstoffen gegen Mumps, Masern, Röteln oder Varizellen.

Ausgenommen von der Meldepflicht sind auch Krankheitserscheinungen, denen offensichtlich eine andere Ursache als die Impfung zugrunde liegt.

Meldedaten:

1. Patient: *Nachname°* ☐ .... *Vorname°:* ☐ ....
(Ersten Buchstaben des Nachnamens und des Vornamens bitte in die Kästchen eintragen)

Geburtsdatum: |_|_|/|_|_|/|_|_|_|_| (**Tag** **Monat** **Jahr**)   ❍ **m** ❍ **w** **Geschlecht**

Adresse°: .... (**Straße**) |_|_|_|_|_| (**PLZ**) .... (**Ort**)

2. Impfung

	1	2	3
Impfdatum			
Impfstoff			
Pharm. Unternehmer			
Chargenbez.			
Applikationsart und -ort			

Impfanamnese*: Wurde/n die/ der o.g. Impfstoff/e i.d. Vorgeschichte bereits angewendet:
❍ **ja** wann: .... ❍ **nein**

3. Verdacht auf Impfkomplikationen

Diagnosen* bzw. Verdachtsdiagnosen:	Beginn	Dauer
1.		
2.		
3.		

Meldebogen des Paul-Ehrlich-Instituts (Vorderseite)

Paul-Ehrlich-Institut Seite 2

3.1 Die Diagnose/ Verdachtsdiagnose wurde gestützt durch folgende abklärende Untersuchungen*:
(z. B. Liquor-Untersuchung, Serologie, EEG, EKG etc.; ggf. Angabe der beauftragten Untersuchungsstelle)

....

....

Dabei wurden folgende Differentialdiagnosen ausgeschlossen*:
(insbesondere auch unter Berücksichtigung einer eventuell gleichzeitig erfolgten Medikamentengabe)

....

....

Trat bei früheren Impfungen der Verdacht einer Impfkomplikation auf?*:

Symptome: ....

Impfung: ....

Datum der Impfung: ....

Wurden die unter 2. genannten Impfstoffe nach Abklingen der Symptome nochmals angewendet?*

❍ **nein** ❍ **ja** wenn ja, trat nochmals der Verdacht einer Impfkomplikation auf ? ....

Traten die Symptome des o.g. Verdachtes einer Impfkomplikation beim Patienten ohne zeitlichen Zusammenhang zu der o.g. Impfung nochmals auf ?*

❍ **nein** ❍ **ja** wenn ja, wie oft und wodurch wahrscheinlich ausgelöst ? ....

3.2 Verlauf und Therapie der Impfreaktion :

War eine ambulante Behandlung erforderlich?	❍ **nein**	❍ **ja**
War eine stationäre Behandlung im Krankenhaus erforderlich?	❍ **nein**	❍ **ja**
War die Impfreaktion lebensbedrohlich?	❍ **nein**	❍ **ja**

3.3 Ausgang der Impfreaktion :

❍ **wiederhergestellt** ❍ **bleibender Schaden** ❍ **noch nicht wiederhergestell**

❍ **unbekannt** ❍ **Tod** (Sektion? Todesursache?*)

4. Adresse und Telefonnummer des Meldenden:°

.... |_|_|_|_|_| ....
Straße **PLZ** **Ort**

.... / ....
Telefon

5. Adresse des impfenden Arztes (sofern nicht mit dem Meldenden identisch)°:

.... |_|_|_|_|_| ....
Straße **PLZ** **Ort**

Datum: .... **Unterschrift:** ....

*** Für eine ausführliche Beschreibung bitten wir Sie, ein separates Blatt zu benutzen oder Kopien beizufügen. Möglichst genaue Zeitangaben und die Beschreibung der differentialdiagnostischen Untersuchungen ist für die Bewertung des kausalen Zusammenhanges von Impfung und beobachtetem Verdacht der Impfkomplikation von größter Wichtigkeit!**
° Die Angaben zu diesen (zusätzlich kursiv bzw. blau gekennzeichneten) Punkten dürfen vom Gesundheitsamt – bis auf den jeweils ersten Buchstaben des Nachnamens und des Vornamens – nicht weitergeleitet werden!

229138 0021 (20) WBH

Meldebogen des Paul-Ehrlich-Instituts (Rückseite)

Bericht über unerwünschte Arzneimittelwirkungen (auch Verdachtsfälle)
an die Arzneimittelkommission der deutschen Ärzteschaft (AkdÄ) gemäß der Berufsordnung für Ärzte
Postfach 41 01 25 • 50861 Köln • Telefax: (0221) 4004 -539 • Telefon: (0221) 4004 -512

Pat.Init.	Geburtsdatum	Geschlecht	Größe (cm)	Gewicht (kg)	ethn. Zugeh.	Schwangersch.-Monat:
	. .	m ☐ w ☐				

Beobachtete unerwünschte Wirkungen aufgetreten am: __ __.__ __.__ __ Dauer: __ __ Stunden __ __ Tage

lebensbedrohlich? ja ☐ nein ☐

Arzneimittel/Darreichungsform ggf. Chargenbezeichnung	Tagesdosis	Applikation	gegeben von/bis	wegen
①				
②				
③				

Vermuteter Zusammenhang mit Arzneimittel Nr. ① ② ③ — dieses früher verabreicht: ja ☐ nein ☐ — vertragen: ja ☐ nein ☐ — ggf. Reexposition: nein ☐ neg. ☐ pos. ☐

Grunderkrankung (ggf. ICD-Codierung): **Begleiterkrankungen:** (ggf. ICD-Codierung)

Anamn. Besonderheiten, z. B.: Alkohol ☐ Allergien* ☐ Arzneimittelabusus* ☐ Diät ☐ Implantate ☐ Kontrazeptiva ☐ Rauchen ☐
Sonstige:

* weitere Erläuterungen:

Veränderung von Laborparametern in Zusammenhang mit der unerwünschten Arzneimittelwirkung:

Verlauf und Therapie der unerwünschten Arzneimittelwirkung:

Ausgang der unerwünschten Arzneimittelwirkung:
wiederhergestellt ☐ wiederhergestellt mit Defekt ☐ noch nicht wiederhergestellt ☐ unbekannt ☐ Exitus ☐ Sektion: ja ☐ nein ☐

Weitere Bemerkungen (z. B. Todesursache):

► **Das Beilegen des Arztbriefes und/oder des Krankenhausentlassungsbriefes ist in Fällen schwerer UAW hilfreich.** ◄

Wer wurde zusätzlich informiert: BfArM ☐ Hersteller ☐ PEI ☐ Sonstige:

Name des Arztes: Klinik: ja ☐ nein ☐ (ggf. Stempel) Datum:

Fachrichtung:

Anschrift:

Telefon-Nr.: Unterschrift

Meldebogen des Paul-Ehrlich-Instituts über unerwünschte Arzneimittelwirkungen

10 Kostenübernahme

Beachten Sie auch den Merksatz aus Kapitel 6.2!

Für die Kostenübernahme von Schutzimpfungen kommen verschiedene Träger in Frage. Zu diesen zählen der Öffentliche Gesundheitsdienst (ÖGD) für ihm zugewiesene Schutzimpfungen sowie weitere auf Grund gesetzlicher Vorschriften benannte Stellen (z. B. Arbeitgeber). Dazu gehört z. B. §3 Abs.3 Arbeitsschutzgesetz, nach dem der Arbeitgeber Kosten für Arbeitsschutzmaßnahmen nicht dem Beschäftigten auferlegen darf. Er wird diese Kosten also immer dann selbst zu tragen haben, wenn kein anderer Kostenträger existiert.

Impfungen, die auf der Grundlage der Biostoffverordnung anzubieten sind, zählen zu den Arbeitsschutzmaßnahmen. Ein Impfangebot ist immer dann zu machen, wenn eine Tätigkeit im Sinne der Biostoffverordnung ausgeübt wird und dabei Beschäftigte durch einen impfpräventablen biologischen Arbeitsstoff erhöht infektionsgefährdet sind. Dies hat der Arbeitgeber im Rahmen der Gefährdungsbeurteilung zu überprüfen. Die in den STIKO-Empfehlungen mit »B« gekennzeichneten Impfungen umfassen nicht nur solche, die auf der Grundlage der Biostoffverordnung anzubieten sind, sondern benennen auch Berufsgruppen, die dieser Verordnung nicht unterliegen. Ebenso werden in dieser Kategorie auch Impfungen aufgeführt, die vorrangig zum Schutz Dritter indiziert sind. Selbst wenn die Biostoffverordnung in diesen Fällen nicht greift, sollte der betroffene Arbeitgeber diese Impfungen in seinem eigenen Interesse anbieten, da er hierdurch evtl. Regressansprüchen entgegenwirken bzw. sich Kosten für Ausfallzeiten seiner Beschäftigten ersparen kann.

Die gesetzlichen Krankenkassen können die Kostenübernahme für Schutzimpfungen in ihren jeweiligen Satzungen als Kassenleistung vorsehen (§ 23 Abs.9 SGB V). Auch wenn in den Satzungsregelungen durch entsprechende Vertragsgestaltung zwischen den Kassenärztlichen Vereinigungen und den Krankenkassen auf die von der STIKO empfohlenen Schutzimpfungen Bezug genommen wird, kann nicht generell von einer automatischen Übernahme der Kosten für alle darin empfohlenen Schutzimpfungen ausgegangen werden.

Eine Kostenübernahme für Schutzimpfungen, die anlässlich eines nicht beruflich bedingten Auslandsaufenthaltes indiziert sind, ist ausgeschlossen. Ebenso sind die in den STIKO-Empfehlungen mit »R« gekennzeichneten Schutzimpfungen keine Kassenleistungen.

Auszug aus: Empfehlungen der Ständigen Impfkommission (STIKO), Stand: Juli 2005

Jetzt sind Sie dran!

(Lösungen auf Seite 130)

1. Wen meint man mit »der öffentliche Gesundheitsdienst (ÖGD)«? (A: 1)

A Die Ambulanz in einem Krankenhaus
B Die Arztpraxis
C Die Gesundheitsämter

2. Helena Janz möchte eine Ausbildung zur Medizinischen Fachangestellten beginnen. Wer übernimmt die Kosten für ihre Hepatitis-B-Impfung? (A: 1)

A Sie selbst
B Ihre Eltern
C Ihre Krankenkasse
D Ihr zukünftiger Arbeitgeber
E Ihre zukünftige Berufsgenossenschaft
F Das Gesundheitsamt
G Der ÖGD

3. Welche Aussage trifft zu? Die in den STIKO-Empfehlungen mit »B« gekennzeichneten Impfungen umfassen … (A: 1)

A … solche, die auf der Grundlage der Biostoffverordnung anzubieten sind.
B … solche, die auf der Grundlage der beruflichen Tätigkeit anzubieten sind.
C … auch Berufsgruppen, die nicht der Biostoffverordnung unterliegen.
D … auch solche Impfungen, die vorrangig zum Schutz Dritter durchgeführt werden.
E … Impfungen, die der Arbeitgeber auf jeden Fall anbieten sollte, um Regressansprüchen entgegenzuwirken und sich Kosten für Ausfallzeiten seiner Beschäftigten zu ersparen.
F Ankreuzen, wenn alle Aussagen richtig sind.

4. Jörg Neuenfeld arbeitet für eine deutsche Firma als Holzeinkäufer in Skandinavien und im Baltikum. Er ist viel im Wald an der schwedischen Ostküste tätig, aber auch in Estland, Lettland und Litauen. Für diese Länder wird eine FSME-Impfung empfohlen. Kann der Arbeitgeber die Kostenübernahme ablehnen? (A: 1)

A Ja
B Nein

5. Günter und Sabine Thede reisen in ihren Ferien meist nach Skandinavien oder ins Baltikum. Auch sie bräuchten also diese FSME-Impfung. Sie wird in der STIKO-Empfehlung mit dem Buchstaben »R« gekennzeichnet. Wer trägt hier die Kosten?

A Die Krankenkasse
B Der Arbeitgeber
C Die Patienten selber

6. Rita und Wolfgang Hinrichs genießen jedes Jahr die Sommerferien im Schwarzwald. Auch hier wird die FSME-Impfung von der STIKO als »I« (= Indikations-)Impfung empfohlen. Wer trägt hier die Kosten der Impfung? (A: 1)

A Die Krankenkasse
B Der Arbeitgeber
C Die Patienten selber

7. Wolfgang Tesch möchte im Urlaub nach Indien fliegen. Dafür müsste er heute seinen Polio-Impfschutz auffrischen lassen. In der STIKO-Empfehlung steht diese Impfung mit der Kategorie »I« (nicht »R«). Wer trägt die Kosten? (A: 1)

A Die Krankenkasse
B Der Arbeitgeber
C Der Patient selber

8. Kann man generell von einer Kostenübernahme aller in der STIKO empfohlenen Impfungen durch die Krankenkassen ausgehen? (A: 1)

A Ja
B Nein

Notizen

11 Lösungen

Kapitel 1.8.6, S. 19

1a. Der Nestschutz hält nicht lange an und schützt auch nicht vor allen Infektionskrankheiten, da das Kind die mütterlichen Antikörper (da körperfremd) wieder abbaut und die zelluläre Immunität durch die Mutter nicht weitergegeben werden kann. Das Kind ist danach ungeschützt. Wird es jedoch geimpft, bildet es selber Antikörper und Gedächtniszellen. Dieser Schutz ist langfristig.

1b. Erst bei einer aktiven Impfung bildet der Mensch Antikörper und Gedächtniszellen. Bei Gabe von fertigen Antikörpern hält der Schutz nur kurze Zeit, danach wäre er wieder ungeschützt.

1c. **Passiv:** Die Gabe von fertigen Antikörpern sorgt dafür, das eingedrungene Erreger, bzw. deren Gifte sofort unschädlich gemacht werden können. **Aktiv:** Weil er nur so eigene Antikörper und Gedächtniszellen bildet. Da nur dokumentierte Impfungen als durchgeführte Impfungen gewertet werden, beginnt der Arzt also mit einer erneuten Grundimmunisierung.

1d. Der Impfstoff enthält abgeschwächte oder abgetötete Antigene. Diese regen das Immunsystem zur Bildung von Antikörpern und Gedächtniszellen an. Die Gedächtniszellen sorgen bei erneutem Kontakt mit dem Erreger für die sofortige Nachbildung von Antikörpern und damit für den Schutz.

2. Antigene, Antikörper.
3. 3, Grund-Immunisierung
4. einmal
5. Gedächtniszellen
6. C
7. D, H
8. B, D, F
9. Das unbemerkte Durchmachen einer Erkrankung mit nachfolgender Immunität (unter anderem Antikörper-Nachweis oder nach erneuter Exposition).
10. A, E
11. B, C
12. B
13. A
14. B
15. B

Kapitel 2.2 IfSG, S. 25

1. D
2. A
3. A, B
4. C
5. D
6. D
7. A
8. B

Kapitel 2.3.1, S. 28

1. B
2. Das örtliche Gesundheitsamt
3. A, B, C
4. A
5. A

Kapitel 3.4, S. 36

vor, Impfling, Elternteil, mündlich, Gespräch, öffentliche, Deutschen Grünen Kreuz, Gesundheitszustand, Einwilligungserklärung, kostenlos, nicht, Minderjährigen, 16, Medizinische Fachangestellte.
Im Kasten: Der Arzt

Kapitel 3.5, S. 39

1. 2, Postexpositionelle, Allergien, Gelbfieber und Influenza, Lebendimpfstoffen (z. B. Masern, Mumps, Röteln, Varizellen und Gelbfieber), serologische, dringend, Lebendimpfstoffen (z. B. Masern, Mumps, Röteln, Varizellen und Gelbfieber).
2. Praxisfall: D

Kapitel 3.6, S. 42

1. A
2. 1. A, 2. B

Kapitel 3.7, S. 45

Röteln, Titer, erneute, MMR, 1–2, wiederholen, Hepatitis B

Kapitel 4.2, S. 50

1. Diphtherie und Tetanus
2. S
3. Influenza- und evtl. Pneumokokken-Impfung.
4. C
5. Er sollte 2 Monate vollendet haben, d. h. mindestens 8 Wochen und 1 Tag alt sein.
6. 4, wenn der Impfstoff auch Keuchhusten enthält. (Sonst nur 3)
7. 4 Wochen später; im Alter von 3 vollendeten Monaten (= 12 Wochen + 1 Tag)
8. 4 Wochen später; im Alter von 4 vollendeten Monaten (= 16 Wochen + 1 Tag)
9. Im Alter von 11–14 vollendeten Monaten, also circa um den ersten Geburtstag.
10. 4 Wochen
11. 6 Monate
12. Die erste Masern-Mumps-Röteln (MMR)-Impfung.
13. Ja, mit einer zweiten MMR-Impfung 4 Wochen später.
14. VZ (Varizellen, Windpocken) im Alter von 11–14 vollendeten Monaten. Es erfolgt nur diese eine Impfung.
15. Im Alter von 5–6 vollendeten Jahren; d. h. frühestens 1 Tag nach dem 5. Geburtstag bis 1 Tag vor dem 6. Geburtstag des Kindes.
16. Tetanus, Diphtherie, Keuchhusten (aP) und Polio (IPV), alle im Alter von 9–17 vollendeten Jahren
17. D
18. B

Kapitel 5.1, S. 57 und 58

1. A
2. E, F
3. Sie informieren den Arzt, damit heute die 3. Impfung durchgeführt werden kann und die Grundimmunisierung dann endlich abgeschlossen wird. Sein Impfschutz hält ab heute 10 Jahre.
4. C
5. A, C
6. C

Kapitel 5.2, S. 62

1. B
2. B
3. B
4. A
5. A
6. die Grundimmunisierung ist noch nicht abgeschlossen
7. für 10 Jahre
8. A
9. A

Kapitel 5.3, S. 65

1. Tetanus/Wundstarrkrampf
2. Der Patient wird gleichzeitig aktiv geimpft und passiv immunisiert
3. Tetanol pur® oder Tetanus-Impfstoff Mérieux®
4. Diphtherie

5.a In die erste: Unbekannt
5.b »Alle anderen Wunden«
5.c Ja, da je nach Alter des Patienten entweder »T« oder »Td«-Impfstoff verwendet werden sollte
5.d Tetagam® N oder Tetanobulin S/D 250 I.E.
5.e Antwort C

Lückentext: Impfausweis, Auffrischimpfung, Fachinformation

6. 2. Reihe der Tabelle, alle anderen Wunden: sie erhält heute eine Td-Impfung und Tetagam® N.

Die letzte Impfung der Grundimmunisierung ist in 6–12 Monaten (je nach Präparat, Fachinformation beachten) durchzuführen.
7. 4. Reihe der Tabelle, alle anderen Wunden: der Patient erhält heute keine Impfung (weder Td noch Tetagam® N, da er ja bereits ausreichend geschützt ist).

Kapitel 5.5, S. 70

1. Ja
2. In frühestens 3 Tagen
3. In frühestens 14 Tagen
4. Ja, die OP ist länger als 3 Tage her.
5. Die Impfung könnte heute nicht ausgeführt werden, da die OP noch keine 14 Tage her ist.
6. A

Kapitel 5.6, S. 73

1. Egal wo: In einem Aktenordner, Schuhkarton, einer Schublade, im Archiv, ... Hauptsache ich finde sie notfalls wieder.
2. Briefporto, niemals Postkarten-Porto: Schweigepflichteinhaltung!

Kapitel 6.2, S. 77

1. Influenza und Pneumokokken-Erkrankung
2. Die Krankenkasse
3. Tetanus, Diphtherie, Keuchhusten, Poliomyelitis
4. Hepatitis B
5. Der Patient sollte umgehend geimpft werden. Auf die noch folgenden Impfungen ist hinzuweisen
6. Um die Impfung gegen Windpocken
7. Seine Krankenkasse
8. C
9. Die Patientin
10. S, A, I, B, R, P *oder:* Standard-, Auffrisch-, Indikations-, berufliche, Reise-Impfung und in die postexpositionelle Prophylaxe
11. Zu den Standard-Impfungen
12. Zur postexpositionellen Prophylaxe

Kapitel 6.3, S. 80

1. B
2. 3
3. A
4. A
5. B
6. B
7. einwertig, der Impfstoff schützt nur gegen eine Krankheit
8. Nach der 2. Impfung

Kapitel 7.1.3, S. 85

1. Vor Erwärmung
2. Lebendimpfstoffe: Masern-Mumps-Röteln (MMR) und Windpocken/Varizellen (VZ)

Kapitel 7.2, S. 87

1. plus 2 bis plus 8 °C
2. A
3. B, D

Info: Bevor Sie alle Impfstoffe verwerfen, fragen Sie den Apotheker oder den Impfstoff-Hersteller, ob vielleicht noch die eine oder die andere Ampulle zu retten ist. Ganz wichtig ist dabei die Frage, wie regelmäßig und sorgfältig Sie die Impfstoff-Lagertemperatur überprüft haben und wie lange im Kühlschrank die falsche Lagertemperatur angehalten haben könnte. Im Zweifel werfen Sie bitte alles weg – die Sicherheit der Patienten hat Vorrang!

Kapitel 7.3, S. 88

1. desinfizieren, leer, Tupfer, mit, Kanüle, Konusspitze, Kanüle, nicht, leere, Alkohol
2. Mit Desinfektionsmitteln
3. ja
4. trocken
5. B
6. B

Kapitel 7.4, S. 92

1. nein
2. B, C
3. A

Kapitel 7.5, S. 95

1. Die Lebend-Impfstoffe und Hib und Pneumokokken-Impfstoffe
2. Die Lebendimpfstoffe (zum Beispiel: MMR und VZ)
3. Gar nicht
4. 3–4 Tage

Kapitel 7.8, S. 99

1. Punkt 10
2. D, E
3. D

Kapitel 8.2, S. 104

1. C
2. Er ist international einsetzbar
3. B
4. A
5. B
6. S. 5–9 (Ausweis DGK), S. 6–10 (Ausweis der Firma Chiron Behring/ Vaccines)
7. siehe Abbildungen

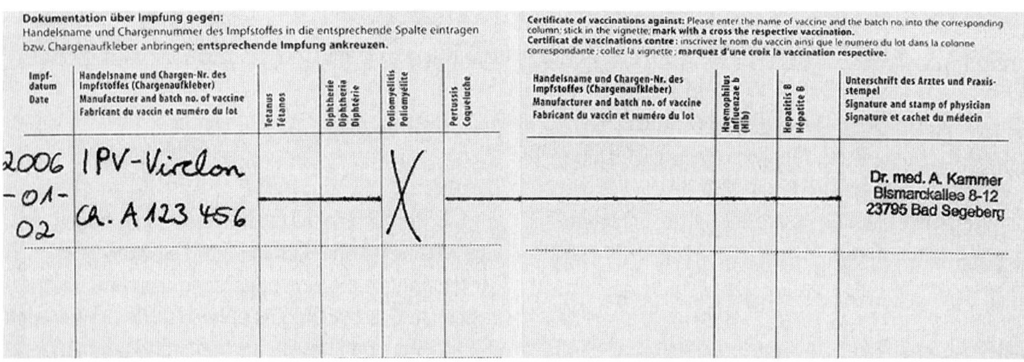

Dokumentation über Impfung gegen: Handelsname und Chargennummer des Impfstoffes in die entsprechende Spalte eintragen bzw. Chargenaufkleber anbringen; **entsprechende Impfung ankreuzen.**

Certificate of vaccinations against: Please enter the name of vaccine and the batch no. into the corresponding column; stick in the vignette; **mark with a cross the respective vaccination.** **Certificat de vaccinations contre:** inscrivez le nom du vaccin ainsi que le numéro du lot dans la colonne correspondante; collez la vignette; **marquez d'une croix la vaccination respective.**

Impfdatum Date	Handelsname und Chargen-Nr. des Impfstoffes (Chargenaufkleber) Manufacturer and batch no. of vaccine Fabricant du vaccin et numéro du lot	Tetanus Tétanos	Diphtherie Diphtheria Diphtérie	Poliomyelitis Poliomyélite	Pertussis Coqueluche	Handelsname und Chargen-Nr. des Impfstoffes (Chargenaufkleber) Manufacturer and batch no. of vaccine Fabricant du vaccin et numéro du lot	Haemophilus influenzae b (Hib)	Hepatitis B Hépatite B	Unterschrift des Arztes und Praxisstempel Signature and stamp of physician Signature et cachet du médecin
2006-01-02	IPV-Virelon Ch. A123456			X					Dr. med. A. Kammer Bismarckallee 8-12 23795 Bad Segeberg

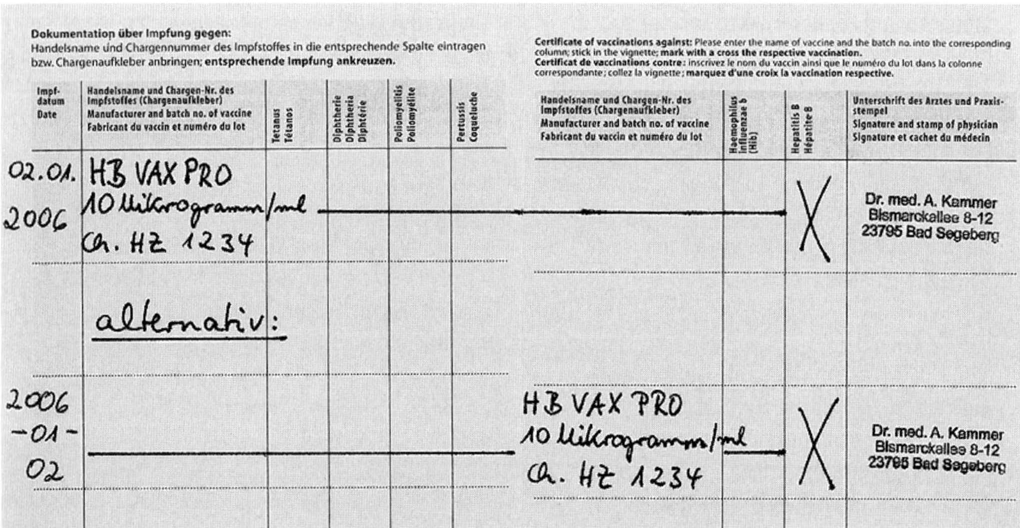

Dokumentation über Impfung gegen: Handelsname und Chargennummer des Impfstoffes in die entsprechende Spalte eintragen bzw. Chargenaufkleber anbringen; **entsprechende Impfung ankreuzen.**

Certificate of vaccinations against: Please enter the name of vaccine and the batch no. into the corresponding column; stick in the vignette; **mark with a cross the respective vaccination.** **Certificat de vaccinations contre:** inscrivez le nom du vaccin ainsi que le numéro du lot dans la colonne correspondante; collez la vignette; **marquez d'une croix la vaccination respective.**

Impfdatum Date	Handelsname und Chargen-Nr. des Impfstoffes (Chargenaufkleber) Manufacturer and batch no. of vaccine Fabricant du vaccin et numéro du lot	Tetanus Tétanos	Diphtherie Diphtheria Diphtérie	Poliomyelitis Poliomyélite	Pertussis Coqueluche	Handelsname und Chargen-Nr. des Impfstoffes (Chargenaufkleber) Manufacturer and batch no. of vaccine Fabricant du vaccin et numéro du lot	Haemophilus influenzae b (Hib)	Hepatitis B Hépatite B	Unterschrift des Arztes und Praxisstempel Signature and stamp of physician Signature et cachet du médecin
02.01.2006	HB VAX PRO 10 Mikrogramm/ml Ch. HZ 1234							X	Dr. med. A. Kammer Bismarckallee 8-12 23795 Bad Segeberg
	alternativ:								
2006-01-02						HB VAX PRO 10 Mikrogramm/ml Ch. HZ 1234		X	Dr. med. A. Kammer Bismarckallee 8-12 23795 Bad Segeberg

Kapitel 8.3, S. 106

1. Es zählen nur dokumentierte Impfungen. Übertragen Sie die und machen Sie ab da weiter.
2. Poliomyelitis: Ja, es fehlt keine Impfung
   Tetanus: nein, es fehlt 1. Impfung
3. Diphtherie-Grundimmunisierung

Kapitel 8.4, S. 108

Ausweis DGK: S. 4 + 5 oder 6 + 7 (je nach Platz) siehe 1. Abbildung unten
Ausweis Chiron Vaccines: S. 6 + 7 oder 8 + 9 (je nach Platz), siehe 2. Abbildung ganz unten

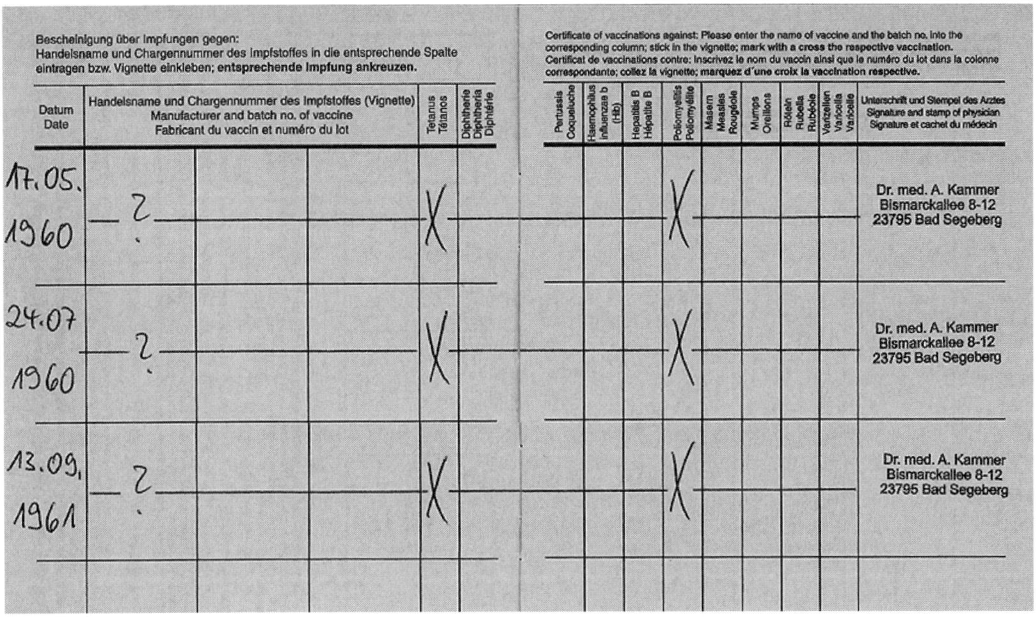

Bescheinigung über Impfungen gegen:
Handelsname und Chargennummer des Impfstoffes in die entsprechende Spalte eintragen bzw. Vignette einkleben; **entsprechende Impfung ankreuzen.**

Certificate of vaccinations against: Please enter the name of vaccine and the batch no. into the corresponding column; stick in the vignette; mark with a cross the respective vaccination.
Certificat de vaccinations contre: Inscrivez le nom du vaccin ainsi que le numéro du lot dans la colonne correspondante; collez la vignette; marquez d'une croix la vaccination respective.

Datum Date	Handelsname und Chargennummer des Impfstoffes (Vignette) Manufacturer and batch no. of vaccine Fabricant du vaccin et numéro du lot	Tetanus Tétanos	Diphtherie Diphtheria Diphtérie	Pertussis Coqueluche	Haemophilus influenzae b (Hib)	Hepatitis B Hépatite B	Poliomyelitis Poliomyélite	Masern Measles Rougeole	Mumps Oreillons	Röteln Rubella Rubéole	Varizellen Varicella Varicelle	Unterschrift und Stempel des Arztes Signature and stamp of physician Signature et cachet du médecin
17.05. 1960	2.	X					X					Dr. med. A. Kammer Bismarckallee 8-12 23795 Bad Segeberg
24.07 1960	2.	X					X					Dr. med. A. Kammer Bismarckallee 8-12 23795 Bad Segeberg
13.09. 1961	2.	X					X					Dr. med. A. Kammer Bismarckallee 8-12 23795 Bad Segeberg

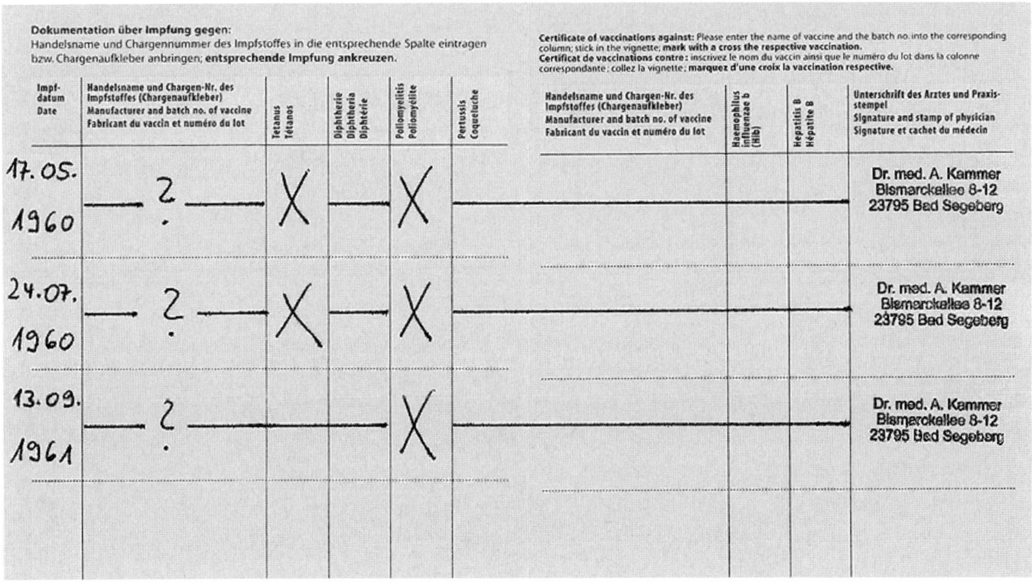

Dokumentation über Impfung gegen:
Handelsname und Chargennummer des Impfstoffes in die entsprechende Spalte eintragen bzw. Chargenaufkleber anbringen; **entsprechende Impfung ankreuzen.**

Certificate of vaccinations against: Please enter the name of vaccine and the batch no. into the corresponding column; stick in the vignette; **mark with a cross the respective vaccination.**
Certificat de vaccinations contre: inscrivez le nom du vaccin ainsi que le numéro du lot dans la colonne correspondante; collez la vignette; **marquez d'une croix la vaccination respective.**

Impf-datum Date	Handelsname und Chargen-Nr. des Impfstoffes (Chargenaufkleber) Manufacturer and batch no. of vaccine Fabricant du vaccin et numéro du lot	Tetanus Tétanos	Diphtherie Diphtheria Diphtérie	Poliomyelitis Poliomyélite	Pertussis Coqueluche	Handelsname und Chargen-Nr. des Impfstoffes (Chargenaufkleber) Manufacturer and batch no. of vaccine Fabricant du vaccin et numéro du lot	Haemophilus influenzae b (Hib)	Hepatitis B Hépatite B	Unterschrift des Arztes und Praxisstempel Signature and stamp of physician Signature et cachet du médecin
17.05. 1960	2.	X		X					Dr. med. A. Kammer Bismarckallee 8-12 23795 Bad Segeberg
24.07. 1960	2.	X		X					Dr. med. A. Kammer Bismarckallee 8-12 23795 Bad Segeberg
13.09. 1961	2.			X					Dr. med. A. Kammer Bismarckallee 8-12 23795 Bad Segeberg

Kapitel 8.5, S. 110

1. *siehe Abb. rechts*
   Datum: heute
   Typ/Chargen-Nr.:
   in den oberen Teil: »Tetagam® N« schreiben,
   in den unteren Teil: »Ch.-B.: 14 20 51 F«
   Dosis: 1 ml
   Kleinen Praxisstempel (ohne Nummer) verwenden
   Unterschrift vom Arzt
2. Lösung: siehe Vorlage im Buch

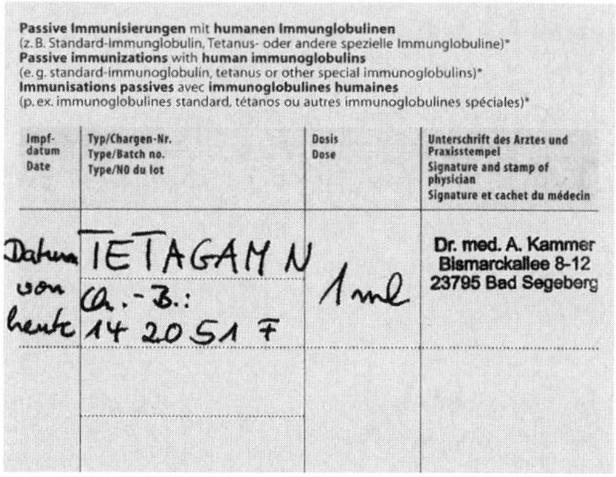

Passive Immunisierungen mit **humanen Immunglobulinen**
(z. B. Standard-Immunglobulin, Tetanus- oder andere spezielle Immunglobuline)*
Passive immunizations with **human immunoglobulins**
(e. g. standard-immunoglobulin, tetanus or other special immunoglobulins)*
Immunisations passives avec **immunoglobulines humaines**
(p. ex. immunoglobulines standard, tétanos ou autres immunoglobulines spéciales)*

Impf-datum Date	Typ/Chargen-Nr. Type/Batch no. Type/NO du lot	Dosis Dose	Unterschrift des Arztes und Praxisstempel Signature and stamp of physician Signature et cachet du médecin
Datum von heute	TETAGAM N Ch.-B.: 14 20 51 F	1 ml	Dr. med. A. Kammer Bismarckallee 8-12 23795 Bad Segeberg

Kapitel 9.1, S. 112

1. In Lokal- und Allgemeinreaktionen
2. Normal
3. A

Kapitel 9.3, S. 116

1. D, E
2. B, C, D
3. B
4. D

Kapitel 10, S. 122

1. C
2. D
3. F
4. B
5. C
6. A
7. A
8. B

Anhang: Wörterverzeichnis mit Erklärungen

Krankheiten und Fachausdrücke

FACHAUSDRUCK	KRANKHEIT	ABKÜRZUNG
Bacillus-Calmette-Guérin-Impfung	Tuberkuloseimpfung, wird mit dem derzeit verfügbaren Impfstoff von der STIKO nicht empfohlen	**BCG**
Diphtherie	»Halsbräune«, echter Krupp	**D/d**
Frühsommer-Meningo-Enzephalitis	Durch Zecken übertragene infektiöse Enzephalitis-Form	**FSME**
Haemophilus influenzae Tyb b (Hib)	Erkrankung bes. im Kleinkindalter, löst u.a. Blutvergiftung, Hirnhautentzündung (Meningitis) und Kehlkopfentzündung aus	**Hib**
Hepatitis A	Leberentzündung	**HA**
Hepatitis B	Leberentzündung	**HB**
Immunglobulin	Eiweiß, das die Eigenschaften eines Antikörpers aufweist	**Ig**
Influenza	Virus-Grippe	
Morbilli	Masern	**M**
Parotitis epidemica	Mumps	**M**
Pertussis	Keuchhusten	**aP**
Pneumokokken	Erreger der Lungenentzündung / Pneumonie	
Poliomyelitis/Polio	Kinderlähmung	**IPV**
Rabies (lat.), Lyssa (gr.)	Tollwut	
Rubeola/Rubella	Röteln	**R**
Tetanus	Wundstarrkrampf	**T**
Tuberkulose	Bakterielle Infektion besonders der Atemorgane	**Tb,** Tbc
Variola	Pocken	
Varizellen	Windpocken	**VZ**

Abkürzungen

Ag	Antigen
AK	Antikörper
AMK bzw. AkdÄ	Arzneimittelkommission der deutschen Ärzteschaft in Köln
BMG	Bundesministerium für Gesundheit
BPI	Bundesverband der Pharmazeutischen Industrie
BseuchG	Bundesseuchengesetz
DGK	Deutsches Grünes Kreuz
IfSG	Infektionsschutzgesetz (1.1.2001; Ziel: Krankheiten sollen sich nicht weiter verbreiten)
KV	Kassenärztlicher Vereinigung
MMR	Masern-Mumps-Röteln
PEI	Paul-Ehrlich-Institut (lässt Sera und Impfstoffe zu, prüft Chargen)
RKI	Robert Koch-Institut (sorgt für Konzepte zur Vorbeugung übertragbarer Krankheiten)
STIKO	Ständige Impfkommission (erarbeitet die allgemeinen Impfempfehlungen)
WHO	World Heath Organisation (Weltgesundheitsorganisation)
ZNS	Zentrales Nervensystem